ALTDEUTSCHE TEXTBIBLIOTHEK

Begründet von Hermann Paul †
Fortgeführt von Georg Baesecke †
Herausgegeben von Hugo Kuhn
Nr. 57

Drei Reichenauer Denkmäler

der

altalemannischen Frühzeit

Herausgegeben

von

Ursula Daab

MAX NIEMEYER VERLAG / TÜBINGEN 1963

Copyright by Max Niemeyer Verlag, Tübingen 1963
Printed in Germany
Satz und Druck: H. Laupp jr Tübingen

Inhaltsübersicht

DREI REICHENAUER DENKMÄLER
DER ALTALEMANNISCHEN FRÜHZEIT

Vorwort

In diesem Bande sind drei der ältesten Reichenauer Übersetzungswerke zusammengefaßt: Die Lucasglossen, die Murbacher Hymnen und die altalemannischen Psalmen[1]). Ihnen gemeinsam ist die zwischenzeilige Übersetzungstechnik, die von den Iren und Angelsachsen in die Arbeitsweise der deutschen Klöster übertragen wurde[2]). Es sind Interlinearversionen[3]). Das deutsche Wort steht in feinerer, spitzer Schrift meistens über dem lateinischen, zu dem es gehört, in den altertümlichen Lucasglossen mit wenigen Ausnahmen unter ihm oder am Rande, gelegentlich auch im Kontext. Bei diesem Verfahren entsteht kein zusammenhängender deutscher Text, der ohne das Lateinische zu verstehen wäre[4]). Noch eine andere Eigentümlichkeit zeigt sich in diesen Denkmälern, nämlich die Abbreviaturen, die sich so darstellen, daß in den Lucasglossen oft nur die Endsilbe über das Lateinische geschrieben ist oder der Anfang des deutschen Wortes oder Anfang, ein Buchstabe aus der Mitte und das Ende[5]). Der 26. Hymnus zeigt die gleiche abgekürzte Gestalt. Sonst tritt diese Erscheinung in H und vor allem in Ps seltener auf. Und

---

[1]) zitiert Luc, H, Ps.

[2]) Baes. Abr. S. 83.

[3]) G. Baesecke, „Interlinearversion" im Reallex. der dt. Lit.-Gesch., ed. Merker und Stammler, II 11f., Hermaea S. 29ff.

[4]) Hermaea S. 30.

[5]) Hermaea S. 49ff.

schließlich sind in der gesamten Reichenau-Murbacher Glosso-
graphie die Doppelglossierungen üblich, die auch in diesen drei
Übersetzungswerken festgestellt werden können. Die Lucasglossen wiederholen nur das gleiche Wort, aber die Hymnen, die
sich ihrer am auffallendsten bedienen, liefern Synonyme[6]).

Ihrem Alter nach gehören alle drei, im weitesten Rahmen
gespannt, in die Zeit etwa von 790 bis 820. Die Lucasglossen
sind von ihnen als das älteste Denkmal anzusetzen, am Ende des
8. Jahrhunderts, Ps und H sind etwa gleichaltrig, die Psalmenübersetzung ist vor 817 geschrieben[7]), und die Hymnen stammen
aus den Jahren 810 bis 817[8]). Diese Datierungen gelten für die
uns erhaltenen Texte. In den Lucasglossen besitzen wir ein
Stück originales Deutsch, das durch keine Mißverständnisse oder
Schreibfehler des Abschreibers und durch keine Lautveränderung
verjüngt, verfälscht oder verdorben wurde. Nicht so bei H und
Ps, die nicht nur aus einer früheren Vorlage stammen, sondern
auch die Heimat wechselten. Die nicht auf uns gekommenen
Originale sind in Reichenau zu lokalisieren, während die Ab-
schriften in Murbach angefertigt wurden. Baesecke hat[9]) die
Psalmenübersetzung für altertümlicher als die Benediktinerregel
erklärt, die auf 790 bis 802 datiert ist[10]), so daß wir mit dem
Original *Ps bis ins 8. Jahrhundert zurückgehen müßten[11]). Für
die Hymnen bleibt: Anfang des 9. Jahrhunderts[12]).

---

[6]) Hermaea S. 45ff.

[7]) Datierungen: St. S. 300 „um 820“, Kögel Lit.-Gesch. II 476 „die
letzten Jahre Karls“, Ehrismann Lit.-Gesch. I 261 „Anfang 9. Jhs.“,
vgl. Baes. Abr. S. 11.

[8]) Datierungen: Siev. S. 4f., Ehrismann S. 258, Baes. Abr. S. 11 und
51.

[9]) Beitr. 69 S. 398ff.

[10]) Beitr. 80 S. 403.

[11]) dagegen Vf., Zur Datierung der altalemannischen Psalmenübersetzung, Beitr. 83, S. 281 ff.

[12]) Hermaea S. 29.

Überlieferung, Ausgaben und Lichtdrucke

Die Glossen zum Lucasevangelium 1, 64 bis 2, 51 sind erhalten im Codex SPauli 1/1, abgedruckt St. Gll. I 728, 19 bis 737, 37. Der lateinische Text wurde häufig durch den Glossator nach der Vulgata verbessert oder ergänzt. Diese Zusätze und Änderungen sind zwischenzeilig oder am Rande mit der Glossierung daneben oder darunter geschrieben. Die Handschrift ist hier neu herausgegeben[13]). Von der Psalmenübersetzung werden ein Doppelblatt in der Kreis- und Studienbibliothek zu Dillingen (Bayern) aufbewahrt, zwei Einzelblätter in der Staatsbibliothek zu München mit dem Sigel Cgm 5248, 1[14]). Die Murbacher Hymnen haben wir im Cod. Oxoniensis Jun. 25 in der Bodleiana zu Oxford[15]). Die Handschrift enthält außer den Hymnen an Übersetzungswerken die Glossare Ja, Jb und Jc und Glossen zur Benediktinerregel. Die 26 (oder 27[16])) Hymnen sind in zwei Abteilungen, Ha und Hb, in den Codex eingebunden. Hb bedeutet die Hymnen XXII bis XXVI auf den Codexseiten 116a bis 117b, Ha die Hymnen I bis XXI auf den Seiten 122 b bis 129b. Zwischen beiden ist auf den Blättern 118a bis 121b das Glossar Jc[17]) eingetragen, und zwar von der gleichen Hand, die Hb geschrieben hat. Die Vereinigung von Hb und Ha in dieser Reihenfolge hat stattgefunden, bevor, vom gleichen Schreiber Hb Jc, die Glossen zur Benediktinerregel[18]) eingetragen wurden, da er für sie nicht

---

[13]) Beschreibung des Cod. St. Gll. IV S. 600, Abbildung Baes. Abr. Tafel II.

[14]) Ed. St. S. 293 ff., Beschreibung S. 298 ff., Abbildungen Baes. Abr. Tafel VI und VII von den Bll. 2b und 1a und 4b.

[15]) Beschreibung des Cod. Siev. Einleitung.

[16]) Der 26. Hymnus ist von Grimm und Sievers als XXVa bezeichnet, s. Siev. Vorwort S. IV und Einleitung S. 8. Ich bleibe bei dieser nun schon gewohnten Zählung.

[17]) St. Gll. IV 1–25, vgl. zu den Affatimglossen Jc Baes. Abr. S. 20 ff. und S. 69 ff., Beitr. 82, S. 275 ff.

[18]) St. Gll. II 49, 7–51, 18. Vgl. Hermaea S. 55 ff.

X

nur die freigebliebene Seite 122a, sondern rückgreifend noch den
leeren Raum der Rückseite von Blatt 121 neben dem Glossar Jc
dazu benutzt hat. In den Lichtdrucken nach althochdeutschen
Handschriften sind reichlich Proben des Jun. 25 herausgegeben [19]).

Diese Ausgabe der drei zwischenzeiligen Übersetzungswerke
ist so eingerichtet, daß das Deutsche, von dem Lateinischen
getrennt, in der Kolumne rechts steht. In der Handschrift
fehlender Text ist kursiv gedruckt. Die Blätter der Lucasglossen
sind am Rande so stark beschädigt, daß zum Teil der erste oder
letzte Buchstabe der Zeile oder halbe Wörter an ihrem Anfang
oder Schluß fortgefallen sind. Ich mache in der Bezeichnung
keinen Unterschied zwischen diesen Ausfällen und sonst fehlenden oder nicht mehr lesbaren Buchstaben, von denen wir anneh-
men können, daß sie einst geschrieben wurden. Die Anmerkungen geben Auskunft über die Ursache des fehlenden Textes. Die
Längsstriche, die das Zeilenende angeben, dienen demselben
Zweck.

Der Inhalt

Diese drei Denkmäler führen uns nicht nur in ein Stück
Sprachgeschichte ein, sondern sie offenbaren auch ihrem Inhalt
nach Beschäftigung, Arbeitsweise und Geistesrichtung der Be-
nediktinerklöster und damit der Klöster des frühen Mittelalters
überhaupt. Wenn wir von den Kirchenvätern absehen, so machen Evangelium, Hymnengesang und Psalmenlesungen einen
großen Teil des monastischen Lebensinhalts aus, und die fleißige
Übersetzungsarbeit an diesem Gedankengut des Christentums
zeugt von der geistigen Regsamkeit und der religiösen Versen-
kung der Klosterbewohner. Die Vorschriften für den göttlichen
Dienst hat der Heilige Benedikt seinen Mönchen in der Regel

---

[19]) Von den Hymnen: Lichtdr. 28, 31, 32, 33, von Jb: 26, 27, von den
Gll. zu B: 30, von Jc und den Gll. zu B: 29, von Ja: 34, 35.

überliefert, und er hat auf die Weise hingedeutet, in der er zu verrichten sei[20]). Er beruft sich dabei auf den Propheten, der da sagt: Septies in diem laudem dixi tibi. In deutscher Sprache gibt es uns der Übersetzer im Kloster zu Reichenau wieder: So qhuad uuizzago: sibunstunt... *qhidu dir*. Und ohne Verdeutschung, da die Lehren ihrer Regel den Klosterinsassen geläufig waren: Media nocte surgebam ad confitendum tibi[21]). Über die Disziplin beim Psalmengesang: Psallite sapienter und in conspectu angelorum psallam tibi[22]).

So weisen uns diese Zeugen der wissenschaftlichen Tätigkeit an den Stätten, die uns antike Bildung, in christliches Gewand gehüllt, weitergaben und die schriftlichen Anfänge unserer Sprache schufen, über den engen Rahmen germanistisch-philologischer Kleinarbeit hinaus in die weite und reiche Welt der Kultur- und Geistesgeschichte, deren Studium uns heute nötiger ist als je, da weithin geistige Bereitschaft, Einfühlungsgabe, Geduld und Kenntnisse für den Reichtum, der für uns in diesen Handschriften niedergelegt ist, zu schwinden scheinen.

Dr. Ursula Daab

---

[20]) Kap. VIII–XVIIII, ATB 50, S. 36 ff.
[21]) Kap. XVI, ATB 50, S. 42.
[22]) Kap. XVIIII, ATB 50, S. 47.

DIE ST. PAULER LUCASGLOSSEN

Text

Nach Photokopien neu kollationiert. Sie bestehen aus zwei
Blättern, die einer Hs. des Ambrosius, De fide catholica vorge-
bunden sind. Dieser Codex trägt jetzt die Signatur 1/1[1]), bei
Steinmeyer im Glossenkorpus Bd. IV (1898) S. 600 ist die alte
Bezeichnung XXV a/1 angegeben. Dort findet man auch eine
kurze Beschreibung der Hs. und die ersten Drucke. Ihre Blätter
sind in jeweils zwei Kolumnen auf der Vorderseite und der Rückseite beschrieben, der lateinische Text (Luc. 1, 64–2, 51) in
Unzialen ohne Wortabsetzung, der deutsche, der einzelne Wörter
glossiert, häufig abgekürzt. Er ist interlinear geschrieben, meistens unter das lateinische Wort, oft auch darüber oder an den
Rand. Die beiden letzten Möglichkeiten sind in dieser Ausgabe
registriert. Wenn das Deutsche unter dem Lateinischen steht,
wird das nicht erwähnt. Gegenüber dem Abdruck in Steinmeyers
Glossen (Bd. I 728, 19 bis 737, 37 Nr. CCCLXXXV) ist jetzt
vieles unleserlich geworden oder schwer zu entziffern. In einigen
Lesarten weiche ich ab. Die Blätter sind an den Rändern be-
schnitten und beschädigt und sehr vergilbt. Der lateinische
Text, nach Steinmeyer a.a.O. 6.Jh., ist blasser, der deutsche,
aus dem 8.Jh., mit dunklerer Tinte und spitzer geschrieben, deshalb leichter lesbar. Steinmeyer zählt Blatt 1 und 2, die Kolumnen der Vorderseiten 1a und b, 2a und b, die der Rückseiten 1c
und d, 2c und d. Ich behalte diese Bezeichnung bei und setze
Steinmeyers Zählung in meinem Text, der erstmalig das gesamte
Latein der Handschrift mit der Glossierung verbunden bringt,
den althochdeutschen Glossen voran.

---

[1]) Freundliche Mitteilung von Pater Wolfgang Schütz, Archivar der
Benediktiner-Abtei St. Paul.

728	et ¹⁹loquebatur	¹⁹ sprah¹)
	²⁰ benedi^cen*s* d*eum* |	²⁰ uuihanti uu..²) |
	et ³⁸factus est	³⁸ tan. rdh³)
	³⁹ timor (in) ⁴⁰super⁴)	³⁹ frahta forahta ⁴⁰ub⁵) |
729	¹ om|nes ²uicinus	¹ alle ²kepurun
	³ eorum et (in)	³ iro
	⁴ sup*er*⁶) |	⁴ ƀ⁷) |
	⁵ (uniuersa) omnia⁸)	⁵ alle alle.
	⁶ montana ⁷iudee⁹) | (diffamabantur)	⁶ peracara. pergara ⁷dra. a.¹⁰) |
	⁸ difulgabantur¹¹)	⁸ kemarit run¹²)
	¹⁰ haec uer|ba ¹¹omnia¹⁴) et ¹²posuerunt |	¹⁰ deisu | t¹³) ¹¹liu¹⁵) ¹² sazton |
	¹³ om*nes* ¹⁴qui audierant¹⁶)	¹³ alle ¹⁴dea hor. ton.¹⁷)
	.¹⁵ corde suo ¹⁶dicentes	¹⁵ zin¹⁸) iro. ¹⁶chu danti¹⁹)

---

¹) am oberen Rande gerade noch erkennbar.

²) nur noch Unterlängen.   ³) ketan uuardh.

⁴) (In super) St., also ursprünglich in (Rev. Ben.), su̱p daraus korr. (Glossator), super Vulg.

⁵) uber, am inneren Rande.

⁶) In super St., wie ⁴).   ⁷) nur undeutlich, uber.

⁸) uniuersa omnia St., rsa lesbar, davor omnia hineingeschrieben, also ursprünglich uniuersa (Rev. Ben.).

⁹) Judaee St., iudee Rev. Ben.

¹⁰) dera iudaea.

¹¹) Diffamabantur ulgabantur St., dif lesbar, dahinter ist ulgabantur hineingeschrieben (Glossator), also ursprünglich diffamabantur (Rev. Ben.), difulgabantur Hs., divulgabantur Vulg.

¹²) es stand nur k, nicht ke (St.,) uuarun.

¹³) uuort.   ¹⁴) omnia verba haec Vulg.

¹⁵) alliu.

¹⁶) om*nes* qui audierant mit Glossierung am Rande (Glossator).

¹⁷) hor / .ton.   ¹⁸) herzin.

¹⁹) chuedanti St. A, besser chuuedanti.

17 quid | (igitur) 18 putas[1])   17 uuaz | 18 uuanis
19 erit 20 puer iste[2]) (nam)   19 ist. 20 chind deze
21 etenim[3]) | et 22 manus   21 so | 22 t[4])
23 domini 24 cum 25 illo | 23 nes[5]) 24 t[6]) 25 imu |
Et zacharias pater
26 eius | 27 impletus est   26 ner[7]) | 27 erul ter
28 spiritu 29 sancto et   28 a tume 29 uuihemo[8]) |
30 profetabat[9]) dicens | 30 uui zagota |
31 Benedictus deus   31 k. u ter[10]) |
israhel | 32 quia   32 ta[11])
33 uisetauit et 34 feci[13])   33 ta[12]) 34 ta[14]) |
35 redemp|tionem[15])   35 urlosida
36 populo 37 suo et   36 che[16]) 37 mu.[17]) |
ere|xit cornum
salutis no|bis in
domo dauid

---

1) Igitur putas St., in igitur ist putas hineingeschrieben (Glossator),
u > a korr., r zum Teil noch erkennbar, also ursprünglich igitur,
putas Hs., Vulg.

2) puer iste erit Vulg.

3) Nam etenim St., in nam ist eten hineingeschrieben, daneben steht
im, darunter so, also ursprünglich nam (Rev. Ben.), etenim Hs.

4) hant.   5) truhtines.   6) mit.

7) siner.

8) o aus u korr. (Holder).

9) prophetavit Vulg., dicens nicht glossiert, dahinter ein Kreuz, in
dessen Oberteil das e von uuihemo hineingeschrieben ist.

10) keuuihter.

11) huuanta Ergänzung St., besser danta.

12) uuisota.

13) fecit Vulg.

14) teta.

15) vom p ist nur noch das Oberteil zu sehen.

16) folche.

17) sinemu.

pueri | sui sicut
locutus est per | os
sanctoru*m* profetar*um* |
suorum [38]qui [39]ab[2]
[40] aeo[4]) sunt | et
liberauit nus ab
inimi|cis nostris et
de manu om|nium
odientium nos | ad
facienda*m* misericor|-
diam cum patribus
nos|tris et [41]memorari
[42] testa|menti *sancti*
sui [43]iusiuran|dum
quod [44]iurauit ad |
abraham patrem
nostrum | [45]daturum
se nobis ut sine |
temore de mano
inimico|ru*m* libe-
rati seruiamus |

[38] a.[1]) [39]fna[3])
[40] imu[4]) |

[41] k hu kit[5]) uuesan |
[42] hun.[6]) e uua[7])
[43] rehtan eid |
[44] ar[8]) |

[45] k tan[9]) |

---

[1]) d St., a Hs., dea.   [2]) a saeculo Vulg.
[3]) fona.
[4]) ab aevo Vulg., aeo mit eo verwechselt.
[5]) k hu kit. St., kein Punkt Hs., kehukit.
[6]) uuihun.
[7]) es stand, wie es scheint, ursprünglich e ua, dann wurde zwischen e
und u noch ein u zum Teil über das erste hineingeschrieben.
[8]) suuar.   [9]) kebantan.

1 b

ei in sanctitate et
iustit*ia*[1]) | cora*m* ipso
omnibus dieb*us* nostris
Et tu puer *pro*|feta
altissimi uocabe*ris* |
[46] preibis[2]) enim ante   [46] fra[3]) cas |
faciem | do*m*ini
parare uias eius
[47] ad[4]) | danda*m*   [47] z banne[5])
[48] scientia*m* salute*s* | [48] uuistuam |
plebi suae
[49] In remissio|nem[6])   [49] in antlaz |
peccatorum eoru*m* |
[50] per [51]uiscera misericord*i*|ae   [50] ruh[7]) [51]innodi[8]) |
do*m*ini nostri in quibus
ui|sitauit nos [52]oriens   [52] uf chuuemo[9]) uf chumft |
[54] ex *al*|to [55]inluminare   [54] f hemo[10]) [55]ti[11])
eis qui *in* | tenebris
et [56]umbra mo*r*|tis sedent   [56] scu[12])

---

[1]) iustitia Rev. Ben., a am Rande abgeschnitten.

[2]) Praeibis St.   [3]) fora.

[4]) vom d ist noch der Bogen erkennbar, A St., ad Rev. Ben., Vulg.

[5]) ze kebanne.

[6]) remissi|nem St., o am Rande abgeschnitten.

[7]) duruh.

[8]) in nodi St., kein Zwischenraum Hs.

[9]) übergeschrieben.

[10]) fona hohemo, das zweite o nicht sicher, -u?

[11]) liuhtanti Hoffmann.

[12]) scue St., scu Hs., kaum noch lesbar, hinter u ist ein Buchstabe
ausgewischt, ich vermute u, also scatuue, nicht scateuue (St. A).

6

ad ⁵⁷dirigen*dos* | pedes   ⁵⁷ tan[1]) |
nostros in uia pa*cis* |
Puer autem ⁵⁸crescebat   ⁵⁸ has[2])
for ta
730   e*t* | ¹conroborabatur[3])   ¹ kestarchit. uuas. kestrengit. uuas. |

sp*iritu* | et erat ³in desertis   ³ in. uuastim[4]) in uu a[5]) |
usqu*e* | in ⁵diem   ⁵ c[6])
ostensiones[7])   dra.[8]) keaugida[9]) |
s*uae* | ad israhel |
Factum est autem in
die|bus illis ⁷exiit   ⁷ uzkeanc
⁸ edictum discri*ptio*[10]) | ⁸ kechuuit |
⁹ a caesare ¹⁰agusto   ⁹ f[11]) kʰeisure[12]) ¹⁰eruuirdikemu[13]) |

ut ¹¹uniuersus orbis[14])   ¹¹ alliu. umbiuurft[15]) |
pro|fiterentur censum
om|nes per urb*em* terrae |
¹³ Haec ¹⁴professio discriptio[16])   ¹³ deze ¹⁴kescrip[16])
¹⁵ prim*a*[17]) | ¹⁶facta est   ¹⁵ erist[18]) | ¹⁶uuortanaz

---

[1]) am Rande abgeschnitten, kaum noch lesbar, rihtan.

[2]) uuahs (*uu*has Hs.)

[3]) forta vom Glossator übergeschrieben, confortabatur Vulg.

[4]) uu. ast im St.

[5]) am Rande abgeschnitten.   [6]) tac.   [7]) ostensionis.

[8]) ura = sinura oder dra = dera St., es steht nicht ura, sondern dra, die Oberlänge des d ist in das l von israhel hineingeschrieben, der erkennbare Rest ist ein d-Bogen, nicht der erste Strich eines u.

[9]) keaugida. St., kein Punkt Hs.

[10]) discri*ptio* steht unter um von edictum, vom Glossator.

[11]) fona.   [12]) übergeschrieben.   [13]) ebenso.

[14]) vom Glossator auf den Rand geschrieben.

[15]) unter dem Lateinischen am Rande.

[16]) discriptio steht über professio vom Glossator, kescrip daneben, descriptio Vulg.

[17]) prima, der noch sichtbare Anfang des letzten Buchstabens deutet auf a, nicht o, primo Rev. Ben.   [18]) übergeschrieben.

[17] a[1]) praeside syri*ae* |
cyrino nomine et
[19] iba*nt* | [20]omnes [21]ut
[22] profeteren*tur* |
[23] (unusquisque)[8]) singuli[9])
[24] in suam *ci*|uitatem
[25] ascendit iose*ph* |

[17] fona demu forakesa[2]) dra
sir[3]) |
[19] keangu[4]) | [20]le[5]) [21]daz
[22] sie[6]) fuarin[7]) |
[23] ainluze[9])
[24] in iro |
[25] uf steic |

1c

a galilaea de ciuitate |
nazareth in iudaeam
in | [26]ciuitate*m*[10]) dauid
[27] que uoca|*tur* bethlem
[28] eo quod essit |
de [29]domo et
[30] patria familia[13])
dauid | *ut* [31]profeteretur

[26] ruc[11]) dauides
[27] diu ist[12]) |
[28] pidiu daz uuas |
[29] huse
[30] hiuuiske[14])
[31] er fuari[15])

---

[1]) vom Glossator übergeschrieben, praeside Rev. Ben.

[2]) fora kesa St., kein Zwischenraum Hs., forakesaztin, übergeschrieben.

[3]) dera siria, untergeschrieben, am Rande abgeschnitten.

[4]) keangun.   [5]) alle.

[6]) s: e St., am i ist radiert, es ist aber deutlich zu erkennen.

[7]) profiteri und proficisci verwechselt.

[8]) (Unusquisque) singuli St., unusquisque Rev. Ben., durch Punkte getilgt Hs.

[9]) mit Glossierung am inneren Rand.

[10]) Iuitatem St., ciuitatem Rev. Ben., c am Rande zerstört.

[11]) puruc.   [12]) übergeschrieben.

[13]) familia vom Glossator unter patria geschrieben.

[14]) hi uuiske St., kein Zwischenraum Hs., s bis auf einen Rest durch Fleck überdeckt.

[15]) wie [7]).

8

[32] cum maria | [33] *s*punsa
sua pringnata | [34] *s*ponsata [2])
chuuenun pregnante |
[37] *F*actum est [38] autem
[39] dum [40] ibi | [41] *e*ssent [5])
[42] impleti [43] sunt [44] dies |
ut [45] pareret et [46] peperit
[47] filiu*m* [48] suu*m* [9]) |
[49] *p*rimogenitum et
[50] pannis | [51] *e*um
[52] conuoluit. in [12]) et
[53] posuit reclinauit [13]) | [54] *e*um
[55] in praesepium

[57] quia | *n*on [58] erat [59] ei [19])
[60] locus (in eo) [20])
731 [1] in [21]) diuer|surio et [23])

[32] t un [1]) |
kemahaltera sibi imu uxore.
suuangrera suuangrera [3]) |
[37] tan [4]) [38] keuuisso
[39] denne [40] dar | [41] a run [6])
[42] eruulte [43] run [7]) [44] ga [8]) |
[45] pari [46] par
[47] chindh [48] ira [9]) |
[49] rist [10]) poranaz
[50] lachanum | [51] nan [11])
[52] piuuant
[53] kesazta | [54] nan [14])
[55] in parnin in parnin [15]) in
chripiun [16]) |
[57] ta [17]) l [18]) [58] uuas [59] imu
[60] stat
[1] in casthuse [22]) |

---

[1]) mit mariun.

[2]) die Glosse ist von hier an vom Glossator interlinear zwischen die
lateinischen Zeilen geschrieben.

[3]) das wiederholende Wort steht unter dem ersten am inneren Rande,
am n ist radiert.   [4]) ketan.   [5]) essint St., *e*ssent Rev. Ben.

[6]) uuarun.   [7]) uuarun.   [8]) taga.

[9]) vom Glossator neben filiu*m* am Rande, daneben ira.

[10]) erist.   [11]) inan.

[12]) conuoluit zu in*uoluit* vom Glossator geändert, in steht unter n von
con, involvit Vulg.

[13]) reclinauit vom Glossator unter posuit geschrieben.   [14]) inan.

[15]) keine Punkte zwischen den Wörtern.

[16]) die Tilgungspunkte (St.) gehören zu in eo (731, 1).

[17]) danta (vgl. 729, 32).

[18]) fehlt St., nalles, vor l ein Rest (a?).

[19]) ei vom Glossator zwischen uuas und imu eingeschoben.

[20]) getilgt (s. [16])).   [21]) vor diuersurio untergeschrieben (Glossator).

[22]) am inneren Rande.

[23]) im Kontext zwischengeschrieben (Glossator).

² pastores autem |	² te¹)
³ *er*ant ⁴in (illa) regione³)	³ run²) ⁴in lantscafi
⁵ eade*m*⁴) ⁶uigi|*l*antes⁵)	⁵ dera selbun⁴) | ⁶hente⁶)
et ⁷custodientes | ⁸*u*igilias⁷)	⁷ haltente | ⁸hta⁸)
⁹ noctes⁹) (suae)¹⁰) su|*p*ra	⁹ dra¹¹) naht |
¹⁰ gregem suum |	¹⁰ chor tar iro |
Et ¹¹ecce ¹²angelus	¹¹ inu ¹²gil¹²)
¹³ d*om*ini ¹⁴stetit |	¹³ nes¹³) ¹⁴stuant |
¹⁵ *c*irca illos *iu*xta¹⁴)	¹⁵ pi. im.¹⁴)
et ¹⁶claritas ¹⁷d*e*i¹⁵)	¹⁶ perhti perehti ¹⁷cotes¹⁵) |
¹⁸ cir|*c*umfulsit¹⁶)	¹⁸ cein¹⁷)
¹⁹ illos et ²⁰timue|*r*unt	¹⁹ sie ²⁰forah|ton¹⁸)
²¹ timorere magno | *et*	²¹ forahtun michille ru |
²³ dixit ²⁴illis ²⁵angelus	²³ dh.¹⁹) ²⁴im. ²⁵gil²⁰)
²⁶ noli|*te*²¹) ²⁷timere	²⁶ nichurit | ²⁷furahtan
²⁸ ecce enim |	²⁸ inu |
²⁹ *n*untio uobis gaudium |	²⁹ ..lizo²²) cuatspellon. i.u. mendi |

---

¹) hirte.   ²) uuarun.

³) in illa regione St., Rev. Ben., illa durch Punkte getilgt.

⁴) untergeschrieben vom Glossator mit Glossierung.

⁵) Uigi\|ntes St., uigi*l*antes Rev. Ben., von a noch ein Rest.

⁶) uuahhente.   ⁷) Igilias St., *u*igilias Rev. Ben.   ⁸) uuahta.

⁹) e > i Glossator, noctes Rev. Ben.

¹⁰) durch Punkte getiglt.   ¹¹) dera.   ¹²) angil.   ¹³) truhtines.

¹⁴) *iu*xta steht unter *c*irca (Glossator), daneben Glossierung.

¹⁵) di zwischen claritas und cir untergeschrieben (Glossator), daneben cotes.

¹⁶) circum fulsit Rev. Ben., kein Zwischenraum Hs.

¹⁷) scein, s vorn abgeschnitten.

¹⁸) forohton St., das zweite o < u Holder, das erste o < u korr., das zweite ist ein mißglücktes a, dessen Bogen zu groß geraten ist.

¹⁹) chuadh St., besser uu.   ²⁰) angil.   ²¹) te abgeschnitten.

²²) die Glosse ist von hier an vom Glossator interlinear zwischen die lateinischen Zeilen geschrieben, das ganze Wort (evangelizo Vulg.) hat nie dort gestanden.

[31] *magnum*[1]) [32] quod erit	[31] michila [32] daz ist
[33] omni | [34] *populo*	[33] eocouuelichemu | [34] che[2])
[35] quia [36] natus est	[35] daz [36] keporaner
[37] uo|*bis* [38] hodie	[37] i. u | [38] hiutu[3])
[39] conseruator saluator[4]) |	[39] heilant |
salutes [40] qui est [41] chr*istus*	[40] r[5]) [41] uuiher
[42] d*omini* d*ominus*[6]) |	[42] tin[7]) |
in [43] ciuitate dauid	[43] riki[8])
que dicitur bethe*lm*[9])	
et [44] hoc e*st*[10]) nobis |	[44] daz ist i.u. |

1 d

[45] signum [46] inuenietes[12]) |	[45] zeichan[11]) [46] findat[13]) ir |
[47] infantem et [48] pannis	[47] chindh [48] lachanu*m*
[49] inuolutu*m*[14]) [50] positum	[49] piuuntanaz[15]) | [50] kesaztaz[16]) |
[51] in | praesepio |	[51] inparnin.[17]) |
Et [52] subito [53] facta est	[52] chahun cahun [53] tan[18])
	uuardh |
[54] cu*m* angelo[19])	[54] mitangele[19]) |

---

[1]) von m nur ein Rest, ein Strich über dem zweiten m nicht zu sehen.
[2]) folche.
[3]) beim zweiten u ist ein o angefangen, ein u-Strich darangefügt.
[4]) saluator vom Glossator untergeschrieben, salvator Vulg.
[5]) der.   [6]) dns steht neben dni (Glossator).
[7]) truhtin, steht unter dns, in sehr schwach.
[8]) puriki.   [9]) bethē Hs., Rev. Ben.
[10]) ē vom Glossator zwischen hoc und uobis übergeschrieben.
[11]) übergeschrieben, nur noch Unterlängen vorhanden.
[12]) inuenietis.   [13]) vor findat ist in radiert.
[14]) et im Kontext zwischen infantem und positum, pannis inuolutu*m* untergeschrieben, beides vom Glossator.
[15]) piuun tanaz St., eng zusammengeschrieben Hs.
[16]) übergeschrieben, kesa ztaz St., wie [15]).
[17]) in parnin St., wie [15]).   [18]) ketan.
[19]) beides vom Glossator über est multi.

55 multi|tudo 56 exercitus 　　55 manaki[1]) 56 heri[2])
57 militie[3]) 58 caeles|tes[4]) 　57 dera chamfheiti[3]) 58 dra[5])
　　　　　　　　　　　　　　　himiliski |

59 laudantium 60 deum 　　59 lobontero 60 tan[6]) |
　et 61 di|centium 62 gloria 　61 tero[7]) 62 da[8])
732　1 in altissi|mis excelsis[9]) 　1 in hohem |
　2 deo et in 3 terra 　　　2 te[10]) 3 du[11])
　4 pax 5 ho|minibus 　　　4 frido[12]) fridu | 5 num[13])
　6 bone uoluntates[15]) | 　6 ds[14]) cuatin uuillin |
　　Factum est autem
　　ut disces|serunt ab eis
　　angeli in | caelo
　8 pastores illi 　　　　8 te[16])
　9 dixe|runt loquebantur[17]) 　9 sprachun[17]) |
　10 ad inuicem[18]) 　　　10 untar.[19]) im.
　11 transea|mus 　　　　11 farames |
　12 usque in bethelm | 　12 zi[20]) in bedhlem |
　　et 14 uedeamus 　　　14 kesehemes
　　(de) 15 hoc uerb(o)um[21]) | 　15 daz uuort |

---

[1]) am inneren Rande beginnend untergeschrieben.
[2]) neben exercitus im Kontext.
[3]) vom Glossator unter tudo geschrieben, daneben Glossierung.
[4]) caelestis.　　　　[5]) dera.　　　　[6]) cotan.
[7]) chuuedantero.　　　　[8]) tiurida.
[9]) excelsis vom Glossator untergeschrieben.
[10]) cote.　　　　[11]) erdu.
[12]) ein u halb in o hineingeschrieben, nicht darüber.
[13]) mannum.　　　[14]) des.　　　[15]) uoluntatis.
[16]) hirte.
[17]) loquebantur vom Glossator über, sprachen unter dice geschrieben
[18]) inuice Rev. Ben., Strich über e vielleicht vom Glossator.
[19]) vom Anfang des Wortes nur noch Reste.
[20]) unzi.
[21]) De hoc uerboū St., de hoc uerbo Rev. Ben., unter de und über o
　　Tilgungspunkte, an uerbo vom Glossator ū gehängt, also hoc
　　uerbū Hs.

12

[16] quod [17] factum est
[18] sicut quod [2]) | *dominus*
[19] ostendit· [20] nobis [3]) et
[21] uuene|runt [4]) [22] festinantes|
   et [23] inuenerunt [24] maria*m*|
   et ioseph et [25] infantem |
[26] positum [27] in praesepio
   et | [28] uidentes au*tem* [6])
[29] cognouerunt [30] de uerbo |

[31] quod dictum est illis
[33] de | poero hoc et
[34] omnes [35] qui | [36] audierunt
[37] mirati sunt |
[38] de his que dicta erant |

[40] a pastoribus [41] ad ipsos |
   Maria autem [42] conseruabat|
[43] omnia haec [44] uerba [16])

[16] daz [17] tan [1]) ist
[18] daz [2]) |
[19] keauc ta [20] uns |
[21] chuuamun [22] illante |
[23] funtum [24] un [5]) |
[25] chindh |
[26] kesaztaz [27] in par nin
[28] kesehante [7]) |
[29] kesehante [8]) er ton [9])
   [30] piuuorte [10]) piuuorte |

[31] daz kechuuetan uuas im |
[33] fona chinde demu
[34] le [11]) [35] a [12]) | [36] kehorton
[37] eruuntrote uuarun |
[38] idei [13]) dei kechuuetan
   uuarun |

[40] fna [14]) hirtum [41] .ze. im. |
[42] kehealt |
[43] liu [15]) deisu [44] uuort [16])

---

[1]) ketan.

[2]) Sicut quod St., sicut ist nicht glossiert, quod daz steht daneben am äußersten rechten Rande vom Glossator.

[3]) s übergeschrieben vom Schreiber des lateinischen Textes.

[4]) uenerunt St., Rev. Ben., uuenerunt Hs., erstes u < s.

[5]) mariun.

[6]) die gesamte Glosse 28 vom Glossator bis an den äußersten rechten Rand untergeschrieben.

[7]) keseante St., von a an sehr undeutlich, h gut zu erkennen.

[8]) am inneren Rande beginnend neben- und untergeschrieben.

[9]) erchanton.   [10]) pi uuorte St.   [11]) alle.   [12]) dea.

[13]) umbi dei Ergänzung St., es muß pi dei ergänzt werden, vor i am inneren linken Rande noch der Schatten des p, weiter keine Buchstaben davor.

[14]) fona.   [15]) alliu.

[16]) beide Wörter vom Glossator über haec.

[45] conferens |

in [47]corde suo et
[48] reuersi su*nt*[3]) | [49]pastores
[50]laudantes[5]) glorificantes[6])
et [52]mag|nificantes[7])
laudantes[8])
[53] de*um* in [54]omnib*us*[11]) |

2a

[55] quae audierant et
[56] uide|rant sicut
dominus ostendit |
illis [57]dictu*m* e*st*[15])
[58] ad illos[16])
Et [59]cum impleti | (sunt)[19])
postqua*m* consum*m*ati
s*unt*[20])
[62] dies .VIII. [63]ut
[64] circu*m*|cideretur [66]puer

[45] ebano ketraganti ebano
ketraganti[1]) |
[47] zin[2]) ira
[48] uuarpante. run[4]) | [49]hirte
[50] ruamante
[52] *lobonte*[9]) |

[53] tan[10]) [54]lem[12]) |

[55] dei kehorton
[56] kesahun[13]) |

[57] chuuetan[14])
[58] zeim.[17]) |
[59] pidiu[18]) aft*er* diu. keenteote
run[21]) |

[62] ga[22]) hato uui [63]daz
[64]umbisnitan | uuari. [66]chind

---

[1]) das zweite ketraganti steht am äußeren rechten Rande silbenweise
von oben nach unten, z.T. nicht mehr lesbar.   [2]) herzin.
[3]) kaum noch lesbar, anstelle von nt steht tra.
[4]) uuarun.   [5]) nicht glossiert.
[6]) unter laudantes vom Glossator.   [7]) nicht glossiert.
[8]) unter mag vom Glossator, also ursprünglich laudantes magnifi-
cantes (Rev. Ben.).
[9]) ich lese ebano! Der für l gehaltene etwas stärker geschriebene Buchstabe ist der letzte von laudantes, es scheint, daß aus s wieder l
korrigiert werden sollte, der Buchstabe danach ist unsicher, eher e
als o.   [10]) cotan.
[11]) omnib Hs., dahinter ein dicker Punkt.   [12]) allem.
[13]) nur noch Unterlängen, am oberen Rand zerstört.
[14]) kechuuetan.   [15]) dictū ē vom Glossator über ostendit.
[16]) Glossator.   [17]) ze im.   [18]) ausgewischt.
[19]) durch Punkte getilgt.
[20]) vom Glossator zwischengeschrieben.   [21]) uuarun.   [22]) taga.

733

[1] uocatum | est	[1] kenemmit | uuas.
[2] numen[1]) [3]eius ih*esus*	[2] mo.[1]) [3]siner
[4] quod | [5]uocatum est	[4] daz | [5]kenemmit. s.[2])
[6] ab angelo | [7]priumquam[5]	[6] f[3]) le[4]) | [7]er denne
[8] in utero[6]) concepere|tur (in utero)[7]) | Et cum postqua*m*[9])	[8] in innode. ent fangan.[8]) uuari |
[10] impleti sunt [11]dies |	[10] eruulte run[10]) [11]ga[11]) |
[12] pur(ife)cationes[12]) eius	[12] dera reinidassi reinidassi. sinera |
[14] se|cundum [15]legem [16]mosi	[14] ter[13]) [15].euu. [16]ds[14]) movsenes |
[17] in|duxerunt tulerunt[15])	[17] namun
[18] eum illum[16]) in hierus|olyma*m*[17])	[18] inan[16])
[19] (ad)[18]) statuendum | ut sisterent illu*m*[19])	[19] daz. saztin[20]) saztin. inan |
[21] d*om*ino sicut [22]scriptum est|	[21] ne[21]) [22]ban[22]) ist |

[1]) l. nomen namo. [2]) uuas. [3]) fona. [4]) angele.

[5]) s vom Glossator zwischen m und i von kenem̃it geschrieben, prium quam Rev. Ben., kein Zwischenraum Hs.

[6]) in utero über con vom Glossator.

[7]) in utero hinter conceperetur durch Punkte getilgt, also ursprünglich conceperetur in utero (Rev. Ben.), in utero conceperetur Vulg.

[8]) ent fan gan. St. [9]) postqua*m* über cum (Glossator).

[10]) uuarun. [11]) taga.

[12]) ife durch Punkte getilgt, purifecationes Rev. Ben., purgationis Vulg. [13]) after. [14]) des.

[15]) tulerunt vom Glossator übergeschrieben.

[16]) illu*m* inan vom Glossator übergeschrieben, eum Rev. Ben., illum Vulg.

[17]) hinter hierus am Rande alē (von fremder Hand?).

[18]) durch Punkte getilgt.

[19]) ut sisterent illu*m* vom Glossator übergeschrieben, wie Vulg.

[20]) sazti: n St., in sehr undeutlich, zwischen i und n Rasur.

[21]) truhtine. [22]) kescriban.

in [23]lege do*mi*ni   [23]euu nes[1])
[24] quia [25]omne | [24] daz [25]eocouuelichaz |
    inu*m*[2])
[26] masculum   [26]com*m*an cunt[3]) chuni
[28] adaperiens[4]) [29]uul|uam   [28] intuanti [29]uuamba |
[30] *sanctum*[5]) [31]do*mi*no   [30] uuihaz[6]) uuihaz. [31]ne[7])
[32] uocabitur | et [33]ut   [32] kenemmit. ist[8]) | [33]daz
[34] darent [35]sacrificu*m*   [34] k*a*bin[9]) [35]zebar. zebar. |
    ostiam[10]) |
[36] scundum[11]) [37]quod dictum| [36] ter[12]) [37]daz chuuetan |
    est   .s.[13])

---

[1]) truhtines.

[2]) nū vom Glossator übergeschrieben, i zwischen l und u eingefügt, masculinum Vulg.

[3]) chunt. St., h nicht vorhanden, der Raum reicht dafür nicht.

[4]) ad vom Glossator vorn übergeschrieben.

[5]) s̅c̅m̅ Rev. Ben., Abkürzungsstrich fehlt Hs.

[6]) uuihaz. St., kein Punkt Hs., uu sehr verwischt.

[7]) truhtine.   [8]) ist steht am inneren Rande

[9]) kabin St., a nicht vorhanden, von k nur ein Schatten, bin sieht aus wie von anderer Hand geschrieben.

[10]) ostiam übergeschrieben vom Glossator.

[11]) l. secundum, das Fehlen des e ist Schreibfehler.

[12]) after.   [13]) uuas.

in [39] lege *domini*	[39] euu
[40] par tur|turum et	[40] zuuei. kenestidiu. turturono[1]) |
[42] duos pullos |	[42] zuuei. iungi, huaninchili[2]) |
[44] columbarum |	[44] tubono[3]) |
Et [45] ecce [46] homo[5]) erat (homo)[7]	[45] inu[4]) .[46]n.[6]) |
in hierus|alem [47] cui	[47] demu
[48] nomen [49] erat[9]) | symeon et [50] homo [51] hic iste[12]) |	[48] mo[8]) [49] uuas.[10]) [50] n.[11]) [51] deser[13]) |

---

[1]) zum Teil am inneren Rande.

[2]) das zweite n nur zwei Punkte, vom zweiten h nur die obere Hälfte erkennbar.

[3]) übergeschrieben.　　　　[4]) ebenso.

[5]) zwischen ecce und erat übergeschrieben vom Glossator.

[6]) übergeschrieben neben homo.

[7]) homo hinter erat durch Punkte getilgt, erat homo Rev. Ben.

[8]) namo.　　　　[9]) fehlt Vulg.　　　　[10]) übergeschrieben.

[11]) man.

[12]) iste vom Glossator über hic geschrieben.

[13]) neben hic am Rande.

52 iustus et (religiosus)[1] 52 ter[2]

53 timoratus[3] 55 ex|pectans 53 forahtaler[4] | 55 peitonti

56 consolatione*m* | 57 israhel 56 trost. | 57 les[5]

et 58 sp*iritus* 59 *sanctus* 58 atum 59 her[6] |

erat | 60 cum ipso in eo[7] et[8] 60 *mit. imu.*[9]

61 respunsum | autem 61 ant. uurti |

62 acceperat 62 entfeanc

63 ab sp*iritu* | *sancto* 63 fna[10] atume | hemu[11]

65 non 66 uisurum 65 les[12] 66 kesehan

734 1 se | 1 sih. |

2 b

2 morte*m*[13] 2 todh[14]

3 prius(quam)[15] nisi[16] 3 uzan. er |

4 *uede*|ret[17] 5 chr*istum* 4 kesahi[18] 5 han[19]

6 *domini* et 7 uenit[21] 6 tro$^{h}_{ti}$nes[20] 7 chuuam dh[22] |

8 in[21] | sp*iritu* 8 inatume

---

[1]) durch Punkte getilgt.   [2]) rehter.

[3]) Religiosus timoratus St., timoratus vom Glossator übergeschrieben.

[4]) o < u Holder.   [5]) israheles.   [6]) uuiher.

[7]) in eo vom Glossator übergeschrieben, wie Vulg.

[8]) zwischen ipso und respunsum vom Glossator eingefügt.

[9]) mit. imu St., m am Rande nicht vorhanden.

[10]) fona.   [11]) uuihemu.   [12]) nalles.

[13]) mortē durch einen Bruch des Pergaments am oberen Rande nur noch halb zu sehen.

[14]) zum Teil beschädigt, todh nisi uzan. er auf dem unversehrten Stück.

[15]) nur noch Unterlängen und Tilgungspunkte über quam sichtbar.

[16]) vom Glossator, nisi prius Vulg.

[17]) i > e Glossator, uederit Rev. Ben.

[18]) am inneren Rande.

[19]) uuihan.   [20]) r aus Korrektur.

[21]) verwischt.   [22]) dh ebenso, fälschlich chuuadh.

[9] in templo et [10]cum	[9] inhuse. [10]ne[1])
[11] indu|cerint	[11] .in. lei[2]) |
[12] (parentis)[3]) parentes eius[4])	[12] catalinga[5]) ford ron[6]) aldo[7])|
puerum [14]ihe*sum* [15]ut	[14] heilant [15]z[8])
[16] facirent [17]secund*um* |	[16] tatin [17]te[9]) |
[18] consuetudinem[10])	[18] keuuoneheiti.
[19] *l*egis[11]) | [20]pro eo et	[19] dra.[12]) euua. | [20]fora .imu.
	pi. inan.[13]) |
[21] ipse [22]accipit [23]eum |	[21] er [22]entfeanc [23]inan |
[24] in manus ulnas[14]) suas	[24] inelinpogun in elinpogun
	sino.
et [26]bened*i*|xit [27]d*eum*	[26] uuihta | [27]tan[15])
et [28]dixit |	[28] .dh.[16]) |
[29] Nunc [30]dimitte	[29] nu [30]farlaz
[31] seruu*m* tuu*m* |	[31] c[17]) |
d*omi*ne [32]secundum	[32] t̄[18]) |
[33] uerbum | [34]tuum in	[33] t[19]) | [34]naz[20])
[35] pace [36]quia [37]uide|runt	[35] diu[21]) [36]ta[22]) [37]kesa[23]) |
[38] oculi mei	[38] gun[24]) niu[25])

---

[1]) denne.   [2]) inleittun St.   [3]) durch Punkte getilgt.

[4]) vom Glossator untergeschrieben.

[5]) das zweite a ist zweifelhaft, ich lese u.

[6]) fordoron, Loch dazwischen.

[7]) o halb abgeschnitten.

[8]) z durch Loch halb zerstört, daz.

[9]) after.

[10]) u und m Reste, et dick auf Rasur.

[11]) l zerstört.   [12]) dera.

[13]) zum größten Teil am inneren Rande, fora. imu. ist offenbar später vor pi.inan. nachgetragen.

[14]) ulnas vom Glossator übergeschrieben, wie Vulg.

[15]) cotan.   [16]) chuuadh.   [17]) scalc.

[18]) after.   [19]) uuort.   [20]) dinaz.

[21]) fridiu.   [22]) huuanta Ergänzung St., besser danta.

[23]) kesahun.   [24]) augun.   [25]) miniu.

³⁹ salutare | tuum   ³⁹ daz heil | din

⁴⁰ quod ⁴¹perparasti²)   ⁴⁰ z¹) ⁴¹kekaratos

⁴² ante | faciem ⁴³omnium   ⁴² fra³) a | siune⁴) ⁴³lero.⁵)

⁴⁴ populo|rum⁶) ⁴⁵lumen   ⁴⁴ liut⁷) | ⁴⁵lehot

⁴⁶ in ad⁸) reuelati|onem   ⁴⁶ ze. ant. rihidu ze |

⁴⁸ gentium et ⁴⁹gloriam⁹) | ⁴⁸ deotono ⁴⁹da¹⁰) |

⁵⁰ populi tui plebis tue¹¹)   ⁵⁰ ds¹²) ches.¹³) nes¹⁴) |
israhel |
Et erat ioseph et maria¹⁵)
et ⁵¹mater¹⁶) | eius   ⁵¹ ter¹⁷) |

⁵² mirantes ⁵³super eis²⁰) | ⁵² trontiu¹⁸) ⁵³ꝥ¹⁹) dei |

⁵⁴ que dicebantur de eo   ⁵⁴ dei kechu tan²¹) .run.²²)
f²³) imu. |

et²⁴) | ⁵⁶benedixit   ⁵⁶ uuih. ta²⁵)

735   ¹ eos illis²⁶) symeon | ¹ si. u. |
et ²dixit ³ad mariam²⁸)   ² dh²⁷) ³ze un²⁹) |
matrem²⁸) | ⁴eius   ⁴ ru³⁰)

---

¹) daz.   ²) per vom Glossator übergeschrieben.

³) fora.   ⁴) a siune St., a unleserlich, anasiune St.

⁵) allero.   ⁶) der Anfang des Wortes schwer erkennbar.

⁷) liuteo.   ⁸) ad vom Glossator übergeschrieben, fehlt St.

⁹) Gloria St., es stand gloriam.   ¹⁰) tiurida.

¹¹) tue einmal hinter plebis ausgewischt, plebis tue fehlt St., vom Glossator übergeschrieben, plebis tuae Vulg.

¹²) des.   ¹³) folches.   ¹⁴) dines.

¹⁵) et maria vom Glossator übergeschrieben.

¹⁶) Mater St., nur noch m lesbar, mater Rev. Ben.

¹⁷) muater, es stand ter, am Rande abgeschnitten.

¹⁸) uuntrontiu.   ¹⁹) uber.

²⁰) eis verwischt, his Rev. Ben., der erste Buchstabe ist aber e.

²¹) kechuuetan.   ²²) run. St., uuarun.   ²³) fona.

²⁴) et abgeschnitten, auch e nicht vorhanden, et Rev. Ben.

²⁵) uuih ta St.   ²⁶) illis vom Glossator übergeschrieben, fehlt St.

²⁷) chuuadh.   ²⁸) mariamatrē Rev. Ben., es ist zweifelhaft, ob m zu maria (-m) oder zum folgenden matrē gehört, das nicht mehr auszumachen ist.   ²⁹) mariun.   ³⁰) sineru.

ecce hic [5]positus est[1]) |	[5] kesazter ist[1]) |
[6] in ruina*m* et (in)[2])	[6] in. ual.
[7] resurric*tio*|nem [8]multorum	[7] ur ristu[3]) | [8]gero[4]) |
in isr*ahel* | et	
[9] in signum	[9] inzeichan
[10] cui con*tra*|dicitur et	[10] demu uuidar chu[5]) | ist.
[12] tuam ipsius[6]) | animam	[12] dinna selbes sela[6]) |
[14] pertransiet[7]) [15]*gla*|dius[9])	[14] ruh[8]) farit | [15]uuafan[10])
ut [16]reuelentur	[16] sin. entrigan. entrihen[11]) |
[18] e*x*[12]) | multis cordibus |	[18] .er[13]) managem herzom |
[20] cogetationes[14]) |	[20] ke cha[15]) |

2c

et [21]erat anna	[21] s[16])
sa	
[22] profetis[17]) [23]filia |	[22] uuiza ga. [23]thoter[18]) |
[24] fanoel [25]de tribu [26]aser	[24] les.[19]) [25]f[20]) chunne. [26]res.[21])|

---

[1]) von p an schwer lesbar, Glossierung deutlich.

[2]) in durch Punkte getilgt und durchstrichen.

[3]) das zweite u deutlich, vgl. urristî H.

[4]) managero.   [5]) chuuetan, am Rande abgeschnitten.

[6]) ipsius nicht mehr erkennbar, Glossierung deutlich.

[7]) Querstrich von e und t vom Glossator verstärkt, deshalb lesbar.

[8]) duruh.

[9]) Gladius St., *gla*dius Rev. Ben., gla zerstört.

[10]) beginnt am inneren Rande.

[11]) am wiederholten Wort gewischt.

[12]) von ex nur noch e erkennbar.

[13]) halb am inneren Rande, davor ein Punkt, er St.

[14]) Cogetatione St., -es Anm., es steht cogetationes, Schatten vom s noch sichtbar.

[15]) kedancha.   [16]) uuas.

[17]) ursprünglich profetis (Rev. Ben.), sa vom Glossator übergeschrieben.   [18]) steht am inneren Rande, tohter.

[19]) fanoeles.   [20]) fona.   [21]) übergeschrieben, aseres.

^{serat}
²⁷ haec | ²⁸processa[1])
in ²⁹diebus ³⁰mul|*tis*[3])
quae ³¹uixerat ³²cum
³³ ui|ro suo[6]) annis .VII.
³⁴ a uirginita|*te* sua
e*t*[9]) ³⁶haec ³⁷uidua
³⁸ ad[10]) annos anno|*r*(um)[11])
³⁹ LXXXIIII.
⁴⁰ que non disce|*d*ebat
ⁱ
⁴¹ de ⁴²templo ⁴³ieiunis[13]) |

²⁷ disu | ²⁸framgeanc
²⁹ gum[2]) ³⁰managem |
³¹ lebata ³²t[4]) |
³³ *m*ane.[5]) ira. |
³⁴ fna[7]) magahtheiti[8]) | ira
³⁶ disu ³⁷uuituua
³⁸ unzi. ze iarum. |
³⁹ hahtozo. feoriu.
⁴⁰ diu nikeleid |

⁴¹ f[12]) ⁴²huse ⁴³tom[13]) |

---

[1]) ursprünglich processa (Rev. Ben.), serat vom Glossator übergeschrieben.
[2]) tagum.   [3]) tis Reste, durch Riß zerstört.
[4]) mit.   [5]) nur mane, für *c*omane war kein Raum.
[6]) suo vom Glossator übergeschrieben.
[7]) fona.   [8]) übergeschrieben.
[9]) vom e nur Rest, t durch Riß zerstört, et Rev. Ben.
[10]) vom Glossator übergeschrieben.
[11]) s am Ende der Zeile an anno vom Glossator angefügt, *r*um durch
Punkte getilgt, also ursprünglich annorum (Rev. Ben.).
[12]) fona.
[13]) übergeschriebenes i vom Schreiber des lat. Textes, fastom.

bsecra
et [44]orationibus[1]
[46] seruiens | [47]nocte et ac[3]) die

et [48]haec [49]ipsa hora | ora
[50] stans[4]) ueniens.[6])
[51] confitebatur [52]domino |
et [53]loquebatur de eo[9])
qui   bant
omni|bus[54]expecta(ntibus)[10])

[44] pisuuar tim pisuuartim
[46] deo nonti | [47]kes[2]) enti
nahtes
[48] disu [49]dra[5]) selbun uuilu. |
[50] chuuemanti
[51] iah [52]ne[7]) |
[53] sprah[8])
[54] dea peitoton[11]) |

---

[1] bsecra vom Glossator übergeschrieben, obsecrationibus Vulg.

[2] takes.

[3] ac in et vom Glossator hineingeschrieben, e lesbar.

[4] hora am inneren Rande vom Glossator neben ipsa, astans St., vor a abgeschnitten, ipsa *ora* stans Rev. Ben.

[5] dera.

[6] vom Glossator übergeschrieben, u abgeschnitten.

[7] truhtine.   [8] r < a korrigiert.

[9] e durch Fleck überdeckt, eo Rev. Ben.

[10] qui und bant vom Glossator übergeschrieben, ntibus durch Punkte getilgt, also ursprünglich expectantibus (Rev. Ben.), qui expectabant Vulg.

[11] übergeschrieben.

	[55] re|demptione*m* hierusalem |	[55] *u*rlosida[1]) |
	Et [56]ut [57]perfecerunt	[56] so [57]ruh[2]) tatun
	[58] omnia | [59]*s*ecundum [60]legem	[58] liu[3]) | [59]t̄ [4]) [60]euu.
	[61] do*m*ini | [62]*r*euersi sunt	[61] nes[5]) | [62]rpante.[6]) run.[7]) |
	in galilaea*m* | *i*n	
736	[1] ciuitate*m*[8]) [2]sua*m*	[1] ruc[9]) [2]sina
	nazareth | *p*uer autem	
	[3] crescebat | *et*[11])	[3] uu. as[10]) |
	fortabatur	
	[4] conru(borabatur)[12])	[4] starchit[13]) uuas |
	[5] plenus sapientia[14])	[5] foller spahida[16]) |
	(et im|*p*lebatur sapientia)[15])	
	et | [6]*g*ratia [7]dei [8]erat	[6] anst [7]tes[17]) [8].s.[18])
	[9] in eo cum illo[19]) |	[9] t[20]) imu. |
	Et ibant parentes eius |	
	*q*uodquod annis in	
	hierus|*a*lem ad diem	
	festu*m* pasche[21]) | *et*	
	[10] cum [11]factus essit	[10] ne[22]) [11]ner[23]) .s.[24])

---

[1]) erster u-Strich abgeschnitten.

[2]) duruh.   [3]) alliu.   [4]) after.

[5]) neben dn̄i im Kontext, truhtines.

[6]) uuarpante, vorn abgeschnitten.

[7]) uuarun.

[8]) ciuitate Hs., Rev. Ben., Strich über e fehlt.

[9]) puruc.   [10]) uuhas = uuahs.

[11]) abgeschnitten, *et* Rev. Ben.

[12]) fortabatur vom Glossator übergeschrieben, Tilgungspunkte unter borabatur.

[13]) kestarchit.   [14]) vom Glossator übergeschrieben.

[15]) ursprünglicher Text (Rev. Ben.), durch Punkte getilgt.

[16]) am inneren Rande.   [17]) cotes.   [18]) uuas.

[19]) cum untergeschrieben, illo neben eo im Kontext, beides vom Glossator.

[20]) steht unter cum, mit.   [21]) paschae Rev. Ben., pasche Hs.

[22]) denne.   [23]) ketaner.   [24]) uuas.

3*

[12] ihesus[1]) [13] anno|rum [14].XII.	[12] lant[1]) | [13] rum[2]) [14] ueo[3]) |
[15] ascendentibus | eis in hierosolimam[5])	[15] ufstigantem.[4]) |
[16] secundum	[16] $\overline{t}$[6])
[17] consuitudi|nem[7])	[17] keuuonaheiti |
[18] diei festi consummatisque diebus[10])	[18] di.[8]) tagin.
[19] et (perfecien|tibus dies)[9]) (in eo)[11]) [21] cum [22] redi|rent	[19] enti keenteotem tagum | [21] ne[12]) [22] uuarpton |
[23] remansit ihesus [24] puer[13]) | in h[1]erusalem[15]) et [25] non |	[23] pileip [24] cheneht cheneht[14]) | [25] ni erchanton[16]) |

2 d

[25] cognouerunt[17])	s. 25.
[27] parentes | eius	[27] catalinge. | sine[18])
[28] exaestimantes[19]) autem |	n [28] uanante[20]) |

---

[1]) ihs vom Glossator übergeschrieben, heilant.

[2]) übergeschrieben, iarum.

[3]) übergeschrieben, zuelueo.

[4]) sti nur Reste.   [5]) vom Glossator zwischengeschrieben.

[6]) after.

[7]) consuetudinē Rev. Ben., über e kein Strich Hs., von n Reste.

[8]) tuldi.

[9]) ursprünglicher Text, durch Punkte getilgt.

[10]) vom Glossator übergeschrieben, wie Vulg.

[11]) durch Punkte getilgt.   [12]) denne.

[13]) ihs vor puer durch Punkte getilgt, hinter puer am Rande vom Glossator ihs, also ihesus puer ursprünglich.

[14]) die Wiederholung am inneren Rande.

[15]) das hochgestellte i vom Schreiber des lat. Textes.

[16]) erchanton am Ende der Seite 2c gehört zu cognouerunt.

[17]) über cognouerunt am oberen Rande noch undeutbare Spuren Glossierung, nur Reste von Unterlängen erhalten.

[18]) übergeschrieben.

[19]) davorgeschriebenes hochgestelltes ex scheint vom Schreiber des lat. Textes zu stammen, ist verblaßt oder verwischt.

[20]) hochgestelltes n nachgetragen, schwer zu erkennen.

²⁹ eum illu*m*[1] ³⁰esse
³¹ in comitatu | ³³uenerunt

²⁹ nan[2] ³⁰san[3]
³¹ inkesinde ngesinde |
    ³³mun.[4]

³⁴ *iter* diei (iter)[5] et
³⁵ re|quirebant ³⁶eum
³⁷ inter | cognatos[8] et
³⁹ notos[8] et |
⁴⁰ non inuenientes
⁴¹ reuer|si sunt in
    hierusalem | ⁴²requirentes
⁴³ eum |
    Et ⁴⁴factum est
    triduum[15]
⁴⁵ post (dies | tres)[14]
⁴⁷ inuenerunt eum |
    in ⁴⁸templo ⁴⁹sedentem
⁵⁰ in | medio
⁵¹ magistrorum[18]
    doctorum[19] |
⁵² audientem illos[20] et

³⁴ sindh. ds[6] tages |
³⁵ suahton ³⁶nan[7] |
³⁷ untarkelangem.[9] kelange*m*
³⁹ chundem |
⁴⁰ .ni. fin dante |
⁴¹ uuarpante. run[10]
⁴² auar[11] suachante
⁴³ nan[12] |
⁴⁴ tan.[13]
⁴⁵ after drim. tagum |
⁴⁷ funtum nan.[16] |
⁴⁸ huse ⁴⁹sizantan |
⁵⁰ inmetolode[17]
⁵¹ meistro
⁵² horrantan. .im.[21]

---

[1]) illu*m* vom Glossator übergeschrieben.

[2]) inan.   [3]) uuesan.   [4]) chuuamun.

[5]) vor diei t̄r. vom Glossator übergeschrieben (fälschlich tt St. Anm.), iter hinter diei durch Punkte getilgt, also ursprünglich diei iter (Rev. Ben.).   [6]) des.   [7]) inan.

[8]) cognatus und notus Rev. Ben., beide u durch Verbindungsbogen > o, vom Glossator, wie die dunklere Tinte anzeigt.

[9]) untar am inneren Rande beginnend.

[10]) uuaraun.   [11]) auar am inneren Rande.   [12]) inan.   [13]) ketan.

[14]) ursprünglicher Text (Rev. Ben.), durch Punkte getilgt.

[15]) vom Glossator übergeschrieben.   [16]) inan.

[17]) vom ersten Strich des m nur ein Punkt übrig, inmeto lode St., kein Zwischenraum Hs.

[18]) nur noch Reste von Oberlängen erhalten.

[19]) vom Glossator übergeschrieben.   [20]) vom Glossator übergeschrieben, wie Vulg., fehlt ursprünglich.   [21]) im. St., davor Punkt Hs

[53] interogan|tem (eos)[1)] [53] fragentan. |

[54] stopebant | autem [55] omnes [54] erchuuamun | [55] le[2)]

[56] qui eum bant[4)] | [56] dea inan kehorton |
    audientes[3)] |

    (eum et)[5)] [57] super [57] ub[6)]

[58] prudentia*m*[7)] | [58] clauuida |

      sis

737 [1] et respuns(a)[9)] eius [1] enti[8)] antuurtim. sinem.[10)]

    et [3] uiden|tes eum [3] kesehente |

    ammirati *sunt*[12)] |

  [4] (obstepuerunt)[11)] | et [4] eruuntrote. run[13)] |

[1)] durch Punkte getilgt.   [2)] alle.

[3)] s unsicher, ich lese r.

[4)] vom Glossator übergeschrieben, wie Vulg.

[5)] durch Punkte getilgt.   [6)] übergeschrieben, uber.

[7)] Prudentiam St., prudentiā Rev. Ben., ob ein Strich über a steht, ist
    zweifelhaft, prudentia Vulg.

[8)] am inneren Rande vor der lat. Zeile, nur Reste, e deutlich.

[9)] respunsa ursprünglich (Rev. Ben.), sis vom Glossator über s, a
    durch Punkte getilgt, respunsis Vulg.

[10)] übergeschrieben.

[11)] ursprünglicher Text, durch Punkte getilgt.

[12)] übergeschrieben vom Glossator, wie Vulg.

[13)] uuarun.

⁶ dixit⁷ (ad eum)²) ad illu*m*³) ⁶ d.¹) ⁷ z⁴) inan³)
⁸ mater eius | ⁹fili ⁸ t̄⁵) niu⁶) | ⁹chind
¹⁰ quid fecisti nobis sic ¹⁰ uuaz tati uns⁷) so⁸) |
ecce (enim)⁹)¹²pat*er*tuus¹¹) ¹² ter.¹⁰) diner¹¹) |
propinqui tui | et¹³ego ¹³ hih
¹⁴ dolentes quereba|mus te ¹⁴ serazantiu suahtomes | h¹²)
Et ¹⁶ dixit ait¹³) ¹⁷ ad eos ¹⁶ .dh.¹⁴) ¹⁷. ze. im ¹⁵) |
illos¹⁵) |

---

¹) d St., chuuad.

²) durch Punkte getilgt.

³) ad illu*m* vom Glossator eine Zeile tiefer am inneren Rande, wie Vulg., darunter Glossierung.

⁴) ze.   ⁵) muater.   ⁶) siniu.

⁷) übergeschrieben.   ⁸) im Kontext hinter sic.

⁹) durch Punkte getilgt.   ¹⁰) fater.

¹¹) die gesamte Glosse 12 lateinisch und deutsch zwischen die lateinischen Zeilen geschrieben, über propinqui.

¹²) dih.

¹³) ait vom Glossator übergeschrieben, wie Vulg.

¹⁴) steht neben ait, dh. St., chuuadh.

¹⁵) .ze. illos. im vom Glossator über ad eos geschrieben.

28

[18] quid est[1]) (utique)[3]	[18] uuaz ist.[2])
[21] quod me[4]) quaerebatis |	[21] daz. mih[4]) suahtot[5]) |

ebatis

(me)[6]) [23]nescitis[7])	[23] ni uuisototir[8])
[24] quia [25]in his q*ue*[10])	[24] daz [25]in dem[9]) dea[11])
(in)[12]) [26]pa͟tris | me*i*[14])	[26] ds[13]) fateres | nes[15])
[27] *sunt*[14]) (domu*m*)[17])	[27] sint[16])
[28] oportet [29]me es|se	[28] ketrekit [29]h[18]) | san[19])
et [30]ipsi	[30] sie
[31] non intellexe|runt	[31] ni far stuantun. |
[32] uerbum	[32] .t.[20])
[33] quod locu|tus est	[33] daz sprecan̄t[21]) | s.[22])
eis ad illos[23]) |	.im.
Et [35]discendit [36]cum eis	[35] nidarsteic [36]t[24]) im[25]) |
et [37]ue|nit nazareth	[37] dh[26]) |
et erat |	

---

1) est vom Glossator übergeschrieben.

2) uuaz ist steht über quid vor est.

3) durch Punkte getilgt.

4) quod me vom Glossator übergeschrieben, Glossierung daneben.

5) übergeschrieben.   6) durch Punkte getilgt.

7) Korrektur vom Glossator.

8) übergeschrieben, uui sototir St., kein Zwischenraum Hs., l. ni uuissot ir.

9) unter der lat. Zeile.

10) vom Glossator über dem getilgten (in).

11) neben q;   12) durch Punkte getilgt.

13) des.

14) aus i ist vom Glossator s̄ für sunt gemacht, sunt Vulg.

15) mines, am Rande vor sint.

16) am Anfang der Zeile untergeschrieben.

17) domū durch Punkte getilgt.

18) mih.   19) uuesan.   20) uuort.

21) sprecanter.   22) uuas.

23) ad illos über eis vom Glossator.   24) mit.

25) übergeschrieben.   26) fälschlich chuuadh statt chuuam.

DIE MURBACHER HYMNEN

Text

Dieser Neudruck ist eine Wiederholung der Ausgabe von E. Sievers aus dem Jahre 1874. Die Codexseiten 122 b, 123 a, 126 b (Ha) und 116 b (Hb) sind nach G. Baeseckes Lichtdrucken 31, 32, 33 und 28 neu kollationiert. Ich konnte eine nur sehr geringe Anzahl unwesentlicher Abweichungen feststellen. In der Verseinteilung und im Nebeneinander des lateinischen und althochdeutschen Textes folge ich der Anordnung bei Sievers. Die Handschrift im Junius 25 schreibt zwei Halbzeilen auf eine Zeile und rückt die zweite Zeile ein, so daß die Versanfänge gekennzeichnet sind, sowohl Hb als auch Ha. In Hb ist häufig das Ende des Halbverses durch einen Punkt bezeichnet, in Ha fast immer. Ha hat auch in der Glossierung oft Punkte hinter einzelnen Wörtern, wie Luc, wo sie von mir (wie von St.) in den Druck aufgenommen sind. Ich lasse hier, Sievers folgend, diese Interpunktion fort und setze seine Satzzeichen. Seine Anmerkungen sind von mir nicht alle aufgenommen, sondern nur die, die der Textherstellung als Erläuterung dienen. Der kursiv gedruckte Text ist in der Hs. durch Abkürzungen gegeben, die Sievers ergänzt hat. Die Gründe für seine Wortwahl, wenn Wortstämme einzusetzen waren, sind in den Anmerkungen seiner Ausgabe nachzulesen.

I

Mediae noctis tempore	1 Mittera nahti zite
prophetica uox admonet:	uuizaclichiu stimma manot
dicam*us* laudes d*omi*no	chuuedem lop truh*t*ine
patri se*mp*er ac filio,	fa*t*ere simbulu*m* ioh sune
S*an*cto quoq*ue* sp*iritu*i;	2 uuihemu ouh atume
perfecta enim trinitas	duruh nohtiu[1]) ka*uu*isso
	driunissa
uniusq*ue* substantie	ioh dera einun capurti
laudanda nob*is* se*mp*er e*st*.	za lobone uns simbulu*m* ist
Terrorem tempus hoc habet[2]),	3 egison zit daz hebit
quo cu*m*[3]) uastator angelus	demu do uuastio poto chundo
egypto mortes intulit[4]),	egypte toda anaprahta[5])
deleuit primogenita.	farcneit erist poraniu[6])
Haec hora iustis salus e*st*,	4 disiu uuila stunta rehtem
	heili ist
quos ibidem[7]) tunc angelus	dea dare do poto
ausus punire n*on* erat	katurstic sclahan[8]) uuizzinon
	ni uuas
signu*m* formidans sanguinis[9]).	zeicha*n* furihtanti pluates

---

[1]) duruhnohtiu Siev. [2]) 3, 1 wie 1, 1 Drev. 27, 115.

[3]) pergens Drev. [4]) inferens Drev.

[5]) ana prahta Siev. [6]) eristporaniu Siev.

[7]) in quo Drev., quo se victus Var.

[8]) sclal chan Hs., s. Siev. Anm. und Lichtdr. 31, 10.

[9]) sanguinis steht am Schluß der nächsten Zeile, der Raum von zwei Zeilen hat nicht ausgereicht, die Glossierung darüber, s. Lichtdr. 31, 11.

Egyptus flebat fortit*er*
nator*um*[2]) dira funera,
solus gaudebat isr*ahel*
agni *p*rotectus[3]) sanguine.

5 *egypt*[1]) *uua*fta[1]) *starchlicho*[1])
chindo chrimmiu reuuir
*e*ino *mand*ta[1]) *israhel*
*lamb*es *kascirmter*[1]) *pluate*

Nos uero isr*ahel* sum*us*;
laetemur in te, d*omine*,
hostem spernentes[4]) et malu*m*,
christi defensi sanguine.

6 uuir auur israhel liut pirum
frauuoem in dir truhtin
fiant farmanente inti ubil
christes kascirmte pluate

Ipsum *p*rofecto tempus *e*st[5])
quo uoce[6]) euangelica
uenturus sponsus credit*ur*,

regni celestis conditor.

7 selbaz kiuuisso zit ist
demu stimmi euangelisceru[7])
chu*m*ftiger prutigomo
calaupit ist
rihces himilisces felaho scheffo

Occurrunt s*ancte* uirgines

obuia*m* tunc aduentui,
gestantes claras la*m*padas,
magno letantes gaudio[10]).

8 inkagan louffant uuiho
magadi
cagan denne chumfti
tragante heitariu liot faz[8])
mihileru froonte[9]) mendi

---

1) s. Siev. Anm.
2) tantorum Drev.
3) protectus Siev.
4) prosternentes Drev.
5) 7, 1 wie 1, 1 Drev.
6) per vocem Drev., voce Var.
7) euan: gelisceru Hs., s. Siev. Anm., l radiert, s. Lichtdr. 31, 15.
8) liotfaz Siev.
9) das zweite o ist abgerieben, vgl. Siev. Anm.
10) gaidio Hs., gaudio Siev. ohne Anm., s. Lichtdr. 31, 18.

Stulte uero[1]) remanent   9 tulisco auur pilibant
que extinctas habent lampadas,   deo arlasctiu eigun leotkar
frustra pulsantes ianuam   aruun hlochonte[2]) turi
clausa iam regni regia.   pilohaneru giu riches turi
    portun

123a

Peruigilemus[3]) subrie   10 duruch uuacheem triulicho[4])
gestantes mentes splendidas[5]),   tragante muat heitariu
aduenienti[6]) ut ihesu   chuuementemu daz heilante
digni occuramus obuiam.   uuirdige kakan lauffen kagani

Noctisque medie tempore[7])   11 ioh dera naht mittera zite
paulus quoque et sileas   paul[8]) auh inti sileas
christum[9]) uincti in carcere   christ[10]) kabuntane in
    charchare[11])

conlaudantes[12]) soluti sunt.   samant lobonte inpuntun
    uurtun

Nobis hic mundus carcer est.   12 uns deisu uueralt charchari[13])
    ist

te laudamus, christe deus;   dih lobomes christ cot
solue uincla[14]) peccatorum   intpint pendir suntono
in te, christe[15]), credentium.   in dih christ kalaupantero

---

[1]) foris Drev.

[2]) hlochonte Hs., chlochonte Grimm und Siev., s. Siev. Anm. und
Lichtdr. 31, 20.   [3]) quare Drev., lies pervigilemus? Var.

[4]) s. Siev. Anm.   [5]) splendide Drev.

[6]) ursprünglich adueniente Hs., e > i durch langen Längsstrich,
hinter e ist m radiert, s. Siev. Anm. und Lichtdr. 32, 2.

[7]) 11, 1 wie 1, 1.

[8]) pa: ul, l radiert, s. Siev. Anm. und Lichtdr. 32, 4.

[9]) pro Christo Drev.   [10]) crist, h übergeschrieben, s. Lichtdr. 32, 5.

[11]) zweites a auf Rasur, vorher stand wohl charchre (Siev.), ebenda.

[12]) laudando Drev., laudante Var.   [13]) zwischen r und c Rasur.

[14]) uincula Siev. Anm., vincula Drev.   [15]) sancte Drev.

Dignos nos[1]) fac, rex agie,

uenturi regni gloria,
eternis ut mereamur
te laudibus *concinere*.

13 uuirdige unsih tua chuninc
    uuiho
chumftiges riches tiurida
euigem daz kafrehtohem
dih lobum samansingan[2])

II

*De*us, qui celi lumen es
satorque lucis, qui polum
paterno fultum brachio
preclara pandis dextera.

1 cot du der himiles leoht pist
  saio[3]) ioh leohtes der himil
faterlichemu arsprinztan arme
duruhheitareru[4]) spreitis
    inluchis zesauun

Aurora stellas iam t*e*git
rubrum sustollens gurgitem,
humectis na*m*que flatibus
terram babtizans[5]) rorib*us*.

2 tagarod sterna giu dechit
rotan uf purrenti uuak
fuhtem kauuisso plastim
erda taufanter tauum

Currus iam poscit fosforus
radiis rotisque flammeis,

3 reita giu fergot tagastern
scimon speichon radum ioh
    lauginem

quod celi scandens[6])

daz himiles chlimbanter

123 b

uerticem.
profectus moram nesciens.

sceitilon
dera uerti tuualun ni
  uuizzanter

---

[1]) nos zwischengeschrieben, wie es scheint, vom Schreiber des dt. Textes, vgl. Siev. Anm. und Lichtdr. 32, 10.

[2]) saman singan Siev.   [3]) saio:, h radiert.

[4]) das zweite u ist ein Klecks, noch einmal u darüber, Lichtdr. 32, 15.

[5]) das zweite b auf Rasur, Lichtdr. 32, 18.

[6]) das erste s zwischen c*e*li und candens nachgeholt (vom Schreiber des dt. Textes?), dens (von demselben?) angefügt, nicht übergeschrieben (wie Siev. Anm.), s. Lichtdr. 32, 20.

Jam noctis umbra linquitur,	4 giu dera naht scato farlazzan ist
polu*m* caligo deserit,	himil tunchchali farlazzit
tipusq*ue* christi lucifer	pauchan ioh christes tagastern
diem sopitu*m* suscitans.	tac slafragan uuechenter
Dies dierum aius es	5 tac tago uuiher bist
lucisq*ue* lumen ipse es,	leohtes ioh leoht selbo[1]) bist
unu*m* potens per omnia,	ein maganti ubar al
potens in unum trinitas.	machtiger *ma*gantiu in ein[2]) driunissa
Te nunc, saluator, q*uesumus*	6 dih nu heilant pittames
tibiq*ue* genu flectimus,	dir ioh chniu piugames
patre*m* cum *sa*n*c*to sp*iritu*	fateran mit uuihemu keiste
totis rogamus uocibus.	alle*m* pitames stimmon
Pater, qui celos contenis,	7 fater du der himila inthebis
cantemus nunc nomen[3]) tuum;	singem nu namun[3]) dinan
adueniat regnum tuu*m*	az quheme richi dinaz
fiatq*ue* uoluntas tua.	uuerde ioh uuillo din
Hec inquam[4]) uoluntas tua	8 deser quuahd[5]) uuillo diner
nobis agenda traditur,	uns za tuuanne[6]) kasalt ist
simus fideles sp*iritu*	uuesen triuafte[7]) ka*lau*bige atume
casto manentes corpore.	kadiganemu uuesante lichamin

---

[1]) l auf Rasur.

[2]) machtiger. in ein Hs., am Rande. gantiu, durch Kreuz hinter machtiger verwiesen, s. Siev. Anm.

[3]) nom und mun auf Rasur.

[4]) inquem ursprünglich, e durch Punkt getilgt, a übergeschrieben.

[5]) quuhad Siev.   [6]) tuanne Siev.   [7]) s. Siev. Anm.

Panem nostrum cottidie
de te edendum tribue,
remitte nobis debita
ut nos nostris remittimus.

Temptatione subdola
induci nos ne siueris[2]),
sed puro corde supplices
tu nos a malo libera.

9 prot unseraz[1]) tagauuizzi
fona dir za ezzanne kip
farlaz uns sculdi
eo so uuir unserem farlazzemes

10 chorungo pisuuicchilineru
in caleitit unsih ni lazzes
unzan[3])lutremo hercin pittente
du unsihc fona ubile arlosi

III

Splendor paterne glorie,
de luce lucem proferens,

lux lucis et fons luminis,

dies dierum[5]) inluminans,

Uerusque sol inlabere,

micans nitore perpeti,

iubarque sancti spiritus
infunde nostris sensibus.

1 schimo faterlicher tiurida
fona leohte leoht fram
pringanter
leoht leohtes inti pruno[4])
leohtes
tak tago leohtanter

2 uuarhaft ioh sunna in
slifanne[6])
scinanter scimun[7]) clizze[8])
emazzigemu
ioh heitarnissa uuihes atumes
in giuz unserem inhuctim

---

[1]) az auf Rasur.　　　　[2]) sineris Siev. Anm.

[3]) uzan Grimm, uzzan Siev. Text.

[4]) prunno Siev.

[5]) dies diem Drev. 2, 29; diem dies 50, 11.

[6]) ins. lifanne Hs.　　　　[7]) scimin Grimm, s. Siev. Anm.

[8]) untergeschrieben.

124a

Uotis uocem*us* et patre*m* — 3 hantheizzom namoem[1]) inti
    fateran

patrem perennis glorie, — fateran euuigera tiurida
patrem potentis gratie, — fateran mahtigera hensti
culpam religet lubrica*m*. — sunta kapinte sleffara

Informet actus strinuos, — 4 kascafoe katati kambaro
dentem retundet[2]) inuidi, — zan uuidar pliuue apanstigamu
casus secundet[3]) asperos, — falli kapruche sarfe
donet gerendi gratia*m*. — gebe tragannes anst

Mentem gubernet[4]) et regat — 5 muat stiurre inti rihte
casto fideli corpore, — kadiganemu triuaftemu
    lihamin

fides calore ferueat, — kalauba hizzu strede
fraudis uenena nesciat, — notnunfti heitar ni uuizzi

Christusq*ue* nobis[5]) sit cybus — 6 christ ioh uns si muas
potusq*ue* noster sit fides; — lid ioh unser si kalauba
leti bibamus subrie[6]) — froe trinchem urtruhlicho[7])
ebrietatem[8]) sp*iritus*. — trunchali atumes keistes

---

[1]) o auf Rasur, e < o korr.
[2]) retundat Drev. 2, 29; 50, 11.
[3]) fecundet Drev. 2, 29; secundet 50, 11.
[4]) gubernat ib. 2, 29; gubernet 50, 11.
[5]) noster ib. 50, 11.   [6]) sobriam ib. 2, 29; 50, 11.
[7]) t auf Rasur.
[8]) ebriętateṁ Hs., ebrietatem Drev.

Laetus dies hic[1]) transeat,
podor sit ut diluculo[2]),

fides uelut meridies,
crepusculum mens nesciat.

Aurora cursus p*r*ouehit,
aurora totus[5]) p*r*otegat,
in patre totus filius
et totus in uerbo pater.

7 frauuer tak deser duruh fare
   kadigani si eo so frua[3]) in
      morgan
   kalauba eo so mitti tak
   dhemar muat ni uuizzi

8 tagarod lauft fra*m* fuarit[4])
   tagarod alle scirme
   in fatere aller sun
   inti aller in uuorte fater

IV

Aeterne lucis conditor,
lux ipse totus et dies,
noctem nec ullam sentiens,
natura lucis perpete.

Iam cedet pallens proximo
diei nox aduentui,
obtundens[7]) lumen siderum

adest et clarus lucifer.

1 euuiges leohtes sceffento
   leoht er selbo aller inti tak
   naht noc einiga[6]) intfindanter
   kapurt leohtes emazziges

2 giu intlazit pleichenti nahemu
   tage naht chumfti
   kagan pliuuanti leoht
      himilzeichano
   az ist inti heitarer tagastern

---

[1]) hinc Drev. 2, 29.
[2]) diluculum Drev. 2, 29; 50, 11.
[3]) a < o korr.
[4]) frāfuarit Hs.
[5]) totos Siev. Text, totus Anm. (Hs.), totus Drev. 2, 29; 50, 11.
[6]) ig auf Rasur.
[7]) obtendens Drev. 27, 77.

Iam strato leti surgimus   3 giu stroe frauue arstames
grates canentes et tuos[1]),   dancha singante inti dine
quod ceca*m* noctem uicerit   daz plinta naht karihti
reuectans[2]) rursus sol die*m*.   auuar traganti uuidar
                                       fuarinti[3]) auur sunna tak

124 b

Te nunc nec carnis gaudia   4 dich nu noc fleisges mendi
blandis subrepant estibus,   sclehte*m* untar sliufen hizzom
dolis nec cedant[5]) seculi   fizusheiti*m*[4]) noh henge
                                        uueralta[6])
mens nostra, *sancte*, quesum*us*.   muat unser uuiho pittames

Ira*m*[7]) nec rixa prouocet,   5 kapuluht noc paga
                                        kakruuazze[8])
gulam[9]) nec uenter[9]) incitet,   kitagi noh uuamba kaanazze
opu*m*[10]) *per*uertat nec famis,   ehteo pisturze noh hungar
turpis[11]) nec luxus[12]) occupet.   unchusger noc flusc pifahe

Sed firma *men*te subrii   6 uzzan festemu muate urtructe
casto manentes corpore   cadiganemu uuesante lihamin
totu*m* fidele sp*iritu*   allan kalaubigemu atume
christo[13]) ducamus hunc diem.   christe leitte*m* desan tac

---

[1]) tuas Drev.   [2]) reuectat Drev.

[3]) die Doppelglosse steht am Rande, durch ein Kreuz verwiesen auf den Platz vor auuar traganti.

[4]) fizusheitī Hs.   [5]) cedat Drev., Siev. Text.

[6]) uueralti Grimm, uueralta Siev. Text, vgl. Anm.

[7]) ira Drev.   [8]) kakruazze Siev. Text.

[9]) gula, ventrem Drev.   [10]) opus Drev.

[11]) p < b mit Rasur.   [12]) fluxus Drev.

[13]) Christe Drev.

V

Fulgentis auctor aetheris,
qui luna*m* lumen noctibus,
sole*m* dieru*m* cursibus
certo fundasti tramite.

Nox atra ia*m* depellitur,

mundi nitor renascitur,

nouusq*ue*[1]) ia*m* me*n*tis uigor

dulces in actos eregit.

Laudes sonare ia*m* tuas
dies relatus admonet,
uultusq*ue* celi blandior
nostra serenat[5]) pectora.

Uitemus omne lubricum[6]),
declinet praua sp*iritus*;
uita*m* facta[8]) n*on* inquinent,
linguam culpa[10]) non inplicet.

1 scinantes ortfrumo himiles
  du der manun leoht nahtim
  sunnun tago lauftim
  kauuissemu kastuditos fade

2 naht suarziu giu fartripan ist
    uuirdit
  uueralti sconi cliz itporan
    uuirdit
  niuuer ioh giu muates
  uuahsamo
  suazze in tati arrihctit

3 lop lutten giu dinu
  tak auur pru*n*ganer[2]) motit[3])
  antluzzi[4]) ioh himiles slectera
  unsaro heitarit prusti

4 midem eogalicha sleffari
  kanige abahiu atu*m*[7]) keist
  lip kitati ni unreinnen
  zunga[9]) sunta ni in kifalde

---

1) q; mit feiner Schrift nachgetragen Siev. Anm.
2) pruganer Hs.   3) s. Siev. Anm.
4) antluzz Hs.
5) serenat mit feiner Schrift nachgetragen Siev. Anm.
6) erstes u auf Rasur.   7) atū Hs.
8) factā Hs., s. Siev. Anm., facta Drev. 27, 69.
9) g < z mit Rasur.   10) culpā Hs.

Sed sol die*m* du*m* conficit, 5 uzzan sunna tak denne kituat
fides profunda ferueat,   kilauba tiufiu strede
spes ad promissa p*r*ouocet,   uuan za kaheizzam cacruaze
christo *con*iungat caritas.   criste kafuage minna

VI

D*eus* aeterne luminis,   1 cot euuiges leohtes
candor inenarrabilis,   sconi unrachaft
uenturus diei iudex,   chumftiger tages suanari
q*ui* me*n*tis occulta uides: du der muates tauganiu
            kasihis

Tu regnu*m* celoru*m* tenes   2 du richi himilo hebis
et totus in uerbo tu es,   inti aller in uuorte du bist
p*er* filium cuncta regis[1]),   duruc sun alliu rihtis
s*ancti* sp*iritus*[2]) fons es.   uuihes atumes prunno[3]) pist

125a

Trinum[4]) nomen, alta fides, 3 drisgi namo hoiu kalauba
unu*m* p*er* omnia potens[6]),   ein uber duruch[5]) alliu
             mahtiger
miru*m*q*ue* p*er* signu*m* crucis uuntar ioh duruh zeichan
             crucez
tu rector[7]) inme*n*se lucis.   du rihto unmezziges leohtes

---

[1]) regis klein übergeschrieben Siev. Anm.
[2]) sancto spiritui Drev. 27, 70.
[3]) ein n übergeschrieben.   [4]) t: rinum, u ausradiert.
[5]) duruch steht über uber.   [6]) potes Drev., potens Var.
[7]) rectortor Hs., das zweite tor auf Rasur.

Tu mundi constitutor[1]) es,   4 du uueralti kasezzento pist
tu septimo throno sedes,   du sipuntin anasedale[2]) sizzis
index ex alto humilis   suanari fona hoi nidares
uenisti pati pro nobis.   chuami dulten pi unsihc

Tu sabaoth om*nipotens*,   5 du herro almahtigo
osanna su*mm*i culminis,   kahalt opontiges firstes
tibi laus e*st*[3]) mirabilis,   dir lop ist[4]) uuntarlih
tu rex primus anastasis.   du chuninc eristo urristi

Tu fidei auditor[5]) es   6 du dera calauba helfant[5])
                               pist[6])
et humiles tu respicis,   inti deodrafte du sihis
tibi alte sedis thronus[7])   dir hohes sezzes anasidili
tibi*que* diuinus[8]) est honor[9]).   dir ioh kotcund ist hera

Christo aeternoque deo   7 *criste* euuigemu ioh *cote*
patri *cum sancto* sp*iritu*   *fatere* mit *uuihe*mu atume[10])
uite soluamus munera   libes keltem kebo
a seculis in secula.   *fona uuueralt*im *in une*ralti

---

[1]) constitor Hs.

[2]) sinpuntin ana sedale? Siev. Anm. mit Fragezeichen.

[3]) ē klein übergeschrieben Siev. Anm.

[4]) bob est Hs.

[5]) adiutor Drev., auditor Var. (s. Siev. Anm.), adiutor ist übersetzt.

[6]) p < b mit Rasur.

[7]) alta thronus sedes Drev., altae sedis thronus Var.

[8]) diuus Hs., vgl. Siev. Anm.

[9]) honor est Drev., est honor Var.

[10]) atumes Hs., t und u zum Teil auf Rasur.

VII

Christe[1]) celi d*omi*ne,
mundi saluator maxime,
qui nos[2]) crucis munere
mortis soluisti legib*us*.

Te nunc orantes poscim*us*:
tua conserues munera,
que p*er* lege*m* catholica*m*
cunctis donasti gentib*us*.

Tu uerbu*m* patris aeterni
ore diuino editus,

d*eus* ex d*e*o subsistens[7]),
unigenitus filius.

Te uniuersa creatura
mundi fatetur d*omi*nu*m*,
iusso patris inchoata,
tuis perfecta[10]) uiribus.

1 crist hi*mi*les tru*h*tin
 uueralti heilant meisto
 der unsih crucez cifti
 todes intpunti euuom

2 dih nu petonte pittemes
 dino kihaltes gifti
 deo duruhc euua allicha[3])
 alle*m* kapi chunnu*m*[4])

3 du uuort fateres euuiges
 munde kotcunddemu[5])
  ka*p*oran[6])
 kot fona kote untar uuesanti
 einporano sun

4 dih alliu cascaft[8])
 uueralti sprichit tru*h*tinan[9])
 ka*p*ote fa*t*eres incunnaniu
 dine*m*[11]) duruhctaniu creftim

---

[1]) nach Christe ist rex ausgefallen Siev. Anm.
[2]) nach nos ist hoc ausgefallen Siev. Anm.
[3]) allicha: Hs., n radiert.
[4]) chunnū Hs.   [5]) k auf Rasur.
[6]) ko ron Hs., ergänzt von Junius und Grimm, s. Siev. Anm.
[7]) ursprünglich stand subsistent, t > s mit Rasur.
[8]) : : cascaft Hs., sc radiert.   [9]) trutinan Hs.
[10]) perfectis Hs.   [11]) dinē Hs.

Tibi omnes angeli	5 dir alle angila
celeste*m* prestant gloria*m*,	himiliska farlihant tiu*r*ida
te chorus archangeloru*m*	dih zilsanc ar*chang*ilo
diuinis laudant uoc*ib**us*.	kotkunde*m*[1]) lobont stimmon

125 b

Te multitudo seniorum,	6 dih managi hererono
bis duodenus[2]) numerus,	zuuiror zuueliuuinga ruaua
odoramentis plenas gestant[3])	stanchum folle tragant
suplex adorant[4]) patheras.	kanigane zua petont chelicha

Tibi cerubin et syraphin,	7 dir cerubyn inti siraphin
throni paterni luminis,	anasidili fate*r*liches[5]) leohtes
senis alarum plausibus	sehsim feddhacho slegim
clamore iugi p*er*sonant.	ruafte simbligemu lutant

Sanctus sanctus sanctus	8 uuiho uuiho *uuiho*
dominus deus sabaoth	*tru**h**tin* kot herro
omne celum atque terra	eocalihc himil inti ioh herda[6])
tua sunt plena gloria.	dinera sint fol tiurida

---

[1]) kotkundē Hs.

[2]) ursprünglich duadenus Hs., o über a.

[3]) gestans Grimm.   [4]) adorat Grimm.

[5]) s. Siev. Anm.   [6]) s. Siev. Anm.

44

Osanna fili dauid,
benedictus a patre,
qui in nomine dei
uenisti de excelsis, domine.

Tu agnus inmaculatus
datus terre uictima,
qui sanctorum uestimenta
tuo lauisti sanguine.

Te multitudo beatorum
celo locata martirum
palmis signis et coronis

ducem sectantur glorie.

Quorum nos addas numero
te deprecamur, domine,
una uoce desonamus,
uno laudamus[5]) carmine.

9 kahalt sun danides
  kauuihto fona fatere
  du der in namin kotes
  chuami fona[1]) hohinum
    truhtin

10 du lamp ungauuemmit
  kakepan erdu frisginc[2])
  du der uuihero kauuati
  dinemu uuasgi pluate

11 dih managi saligero
  himile kastatot urchundono
  siginumftim zeichanum[3]) inti
    hohubitpantum[4])
  leitid folgent tiurida

12 dero unsih zua katues ruauu
  dih pittames truhtin
  eineru stimnu kaluttemes
  einemu lobomes sange

---

1) foha Hs.
2) friscging Hs., friscing Grimm, s. Siev. Anm.
3) zeichanū Hs.   4) hohubitpantū Hs.
5) das zweite a aus e korr.

VIII

Diei luce reddita	1 tago leohte arkepanemu
primis post somnum uocib*us*	eriston haf*ter*[1]) slafe stimmon
d*ei* canamus gloria*m*	kotes singem tiurida
christi fauente gratia.	christes helfanteru ensti
Per quem creator omniu*m*	2 duruh den sceffento[2]) allero
die*m* nocte*mque* condidit,	tak naht ioh scaffota
eterna lege sanctiens,	euuigeru euu heilagonti
ut semp*er* succedant sibi.	daz simblum folgeen[3]) im
Tu uera lux fideliu*m*[4]),	3 du uuaraz leoht kalaubigeru
que*m* lex ueterna non tenet[5]),	den euua altiu ni hebit

126a

noctem nec orto succedens	naht noh ufgange folgenti
eterno fulgens lumine. .	euuigemu scinanti leohte
Christe, precamur, annue	4 christ pittames pauchini
orantibus seruis tuis,	petontem scalchu*m*[6]) dinem
iniquitas hec seculi	unreth desiu uueralti
ne nostra*m* captiuet fidem.	ni unsera elilentoe[7]) ka*la*upa

---

[1]) s. Siev. Anm.   [2]) c über s geschrieben.

[3]) folgeeen Hs., das zweite e < t korr.

[4]) fide: liū Hs.

[5]) das erste e auf Rasur? Siev. mit Fragezeichen.

[6]) scalchū Hs.   [7]) eilentoe Hs., s. Siev. Anm.

Non cogitemus impie,
inuideamus nemini,

lesi n*on* reddamus uice*m*,
uincamus in bono malum.

Absit nostris e cordibus
ira dolus superbia,
absistat auaritia,
malorum radix omniu*m*.

Uinu*m* mentem non occupet
ebrietate perpeti,
sed nostro sensui conpetens

tuum bibamus poculu*m*.

Conseruet pacis federa
non simulata caritas,
sed inlibata castitas
credulitate perpeti.

Addendis non sit prediis
malesuada semp*er* famis,

si affluant diuitie,
prophete nos psalm*us* regat.

5 ni denchem suntlicho
   apastohem kataroe*m*[1])
      neomanne
   katarote ni keltem kaganlon
   karichem in kuate ubil

6 fer si unsere*m* fona[2]) herzon
   kapuluht fizusheit keili
   fer stante frecchi
   ubilero uurza allero

7 uuin muat ni pihabee
   trhunchali emazziger*u*[3])
   uzzan unsaremu inhucti
      kalimfanti
   dinaz trinche*m*[4]) lid

8 kahalte frido uuiniscaf
   ni kalichisotiu minna
   uzzan unpauollaniu kadigani
   kalaubu emazzigeru[5])

9 za auchonne ni si hehtim[6])
   hupilo spano simbulum
      hungar
   ubi uparcussoen otmali
   uuizzagin unsih salmo rihte

---

[1]) kataroe mit Verweisungszeichen am Rande Siev. Anm.

[2]) unserē fona:, h radiert.

[3]) emazziger Hs.   [4]) trinchē Hs.

[5]) das zweite e < i oder dem ersten Zuge eines u Siev. Anm.

[6]) hentim Hs., hehtim Grimm.

Presta, pater ingenite,   10 farlihc fater ungaporono
totum ducamus iugiter   allan leitem amazzigo
christo placentes[1]) hunc diem   christe lichente desan tak
sancto repleti sp*iritu.*   uuihemu arfulte atume

IX

Postmatutinis laudibus,   1 aft*er*morganlichem[2]) lopum
quas[3]) trinitati psallim*us,*   diu deru driunissu singames
psallamus rursus admonet   singem auur manot
uerus pater familias.   uuarer fat*er*[4]) hiuuisges

Simus semper solliciti   2 uuesem simbulu*m*[5]) sorgente
ne *pre*tereat opus d*ei,*   ni furi gange uuerahc kotes
sed oremus sedule   uzzan petoem amazzigo
sic*ut* docet apostolus[6]).   eo so lerit poto

126 b

Psallamus mente d*omi*no,   3 singem muate tru*hti*ne
psallamus simul et[7]) sp*iritu,* singem saman inte atume
ne uaga mens in turpibus   ni irri muat in unchusgem
inertes tegat animos[8]).   unfruatiu deche muat[8])

---

[1]) l steht über p.   [2]) s. Siev. Anm.
[3]) a < o korr.   [4]) s. Siev. Anm.   [5]) simbulū Hs.
[6]) ursprünglich -os Hs., u über o.
[7]) et ist zu streichen Siev. Anm.
[8]) animos steht unter tegat zwischen den Zeilen, muat steht darüber,
s. Lichtdr. 33, zwischen 2 und 3.

48

Sed septies in hac die

dicam*us* laudes d*omi*no,
diuinitati perpeti
debita dem*us* glorie.

4 uzzan sibun stunton in
   desamu take
chuedem[1]) lop tru*ht*ine
kotcundi emazzigeru
sculdi kebem[2]) dera[3]) tiu*r*ida

X

*D*ei fide qua uiuim*us*,
spe[4]) perenni[5]) credimus,
*p*e*r* caritatis *gratiam*
christi[6]) canam*us* gloria*m*[8]).

1 kotes kalaubu dera lebemes
uuane simbligemu kalaupemes
duruh dera minna ast
christes si*ngem*[7]) tiurida

Qui ductus ora te*r*tia
ad passionis hostia*m*[10])
crucis ferens suspendia
ouem reduxit[11]) *p*erditam.

2 der kaleitt*er*[9]) stunta drittun
za dera druunga zebare
chruzes dultenti ufhengida
scaf auur prahta farlo*r*anaz[12])

Precemur ergo subditi,
redemptione[13]) liberi,
ut eruat a seculo
quos soluit a chirographo.

3 pittem auur deodrafte
urchauffe frige
daz arrette fona uueralti
dea arloste fona luzzilemu
   kascribe

---

[1]) chuedē Hs.   [2]) kebē Hs.   [3]) d auf Rasur.
[4]) spē Hs., s. Lichtdr. 33, 5.
[5]) per eum, qua Drev. 2, 43; vgl. Siev. Anm.
[6]) Christo Drev.   [7]) sigē Hs., s. Lichtdr. 33, 6.
[8]) gloria͞ Hs., gloriam Siev. Text und Drev.
[9]) kaleitt͞ Hs., vgl. Siev. Anm. und Lichtdr. 33, 7.
[10]) hostiā Hs., h fein nachgetragen (vom Schreiber des dt. Textes).
[11]) reduxis Siev. Text (ohne Anm.), reduxit Hs. und Drev.
[12]) farlo naz Hs., großer Zwischenraum, s. Lichtdr. 33, 8.
[13]) p fein zwischengeschrieben (vom Schreiber des dt. Textes).

Gloria tibi, trinitas,
equalis una deitas,
et ante omne seculum
et nunc et in p*er*petuum[1]).

4 tiurida dir driunissa
epanlichiu einu kotcundi
inti fora eochalichera uueralti
inti nu inti euuon

XI

Certum tenentes ordine*m*
pio poscam*us* pectore
hora diei t*er*tia
trine uirtutis glorie[5]).

1 kauuissa habente antreitida
kanadige*ru*[2]) pittem[3]) prusti
stunta takes dritta
drisgera cref*ti*[4]) tiurida

Ut simus habitaculu*m*
illo *sancto* sp*iritu*i,
qui quonda*m* in apostolis
hac hora distributus est.

2 daz sin kapuid
demo uuihemu atume
der giu in potom
deseru stuntu[6]) kateilit ist[7])

Hoc gradientes ordine
ornauit cuncta splendida[8])
regni celestis conditor
ete*r*ne[10]) uite p*r*emio[11]).

3 demu gangante hantreiti
kasconnota alliu sconniu
riches himilesges[9]) sceffant
euuiges libes lone[12]).

---

[1]) Vers 4 Drev. 2, 43 zu Hymne XVII.
[2]) kanadigē Hs., s. Siev. Anm.   [3]) pittē Hs.
[4]) nur noch cref lesbar, s. Lichtdr. 33, 14; crefti Siev. Text.
[5]) glorię Hs., gloriam Siev. Text und Drev. 27, 103.
[6]) s. Siev. Anm.
[7]) zwischen beiden Wörtern schon einmal ist ausradiert.
[8]) splendide Drev., splendida Var.
[9]) sg verwischt.   [10]) ętne Hs., ęterne Siev. Text.
[11]) p̄mia Hs., s. Lichtdr. 33, 18; praemiis Drev.
[12]) über o Oberlänge eines Buchstabens (l?).

XII

127a

Dicamus laudes *domino*	1 chuede*m* lop *truht*ine
feruente pru*m*ptu[1]) sp*iritu*:	stredentemu funsemu atume
hora uoluta sexies	stunta kiuualdaniu[2]) sehstun- tom
nos ad orandu*m* prouocat,	unsih za petonne cruazzit
Quia in hac fidelibus	2 danta in deru kal*a*ubigen[3])
uere salutis glorie[4]),	uuarera dera heili t*iu*rida
beati agni hostia	saliges lambes zebar
crucis uirtutis[5]) redditur.	chruzes chrefti[6]) harcheban ist
Cuius luce clarissima	3 des leohte heitiristin
tenebricat meridies,	finstret mitti tak
sumamus toto pectore	neozzem alleru prusti
tanti splendoris gratia*m*.	so michiles scimin ast

XIII

Perfectu*m*[7]) trinu*m* numeru*m*	1 duruhnoht drisca ruaua
te*r*nis horaru*m* te*r*minis	drisgem stuntono marchom
laudes canentes debitas	lob singante sculdigiu
nona*m* dicentes psallimus.	niunta uuila chuedente singa- mes

---

[1]) prompti Drev. 27, 104. [2]) s. Siev. Anm.
[3]) kalubigen Hs. [4]) gratia Drev., gloria Var.
[5]) virtute Drev. [6]) chref: ti Hs.
[7]) perfecto Drev. 2, 43f. und 27, 105.

Sacru*m* dei misteriu*m*
puro tenentes pectore,
petri magistri regula[1])
signo[2]) salutis prodita[3]).

2 heilac kotes karuni
reinemu habente prusti
peatres magistres spratta
zeichane dera heili kameldetiu

Et nos psallamus sp*iritu*
adherentes apostolis,
qui plantas habent debiles[5]),
christi uirtute[6]) dirigant[8]).

3 inti uuir singem atume
zua clibante potom
dea solun[4]) eigun lamo
christes chrefti rihten[7])

XIV

D*eus*, qui claro lumine
die*m* fecisti, d*omi*ne,
tuam rogamus gloria*m*
du*m* pronus uoluitur dies.

1 kot der heitaremu leohte
tak tati *truh*tin
dina[9]) pittames tiurida
denne[10]) framhalder[11]) uuillit
sih tak

Iam sol urguente uespero

occasum suu*m* gradit*ur*,
mundu*m* concludens tenebris,
suu*m* obseruans ordine*m*.

2 giu sunna peittentemu
habandsterre
sedal ira kat
uueralt piluchanti finstrinum
sina picaumanti hantreiti

---

[1]) regula*m* Drev.
[2]) o < um mit Rasur.
[3]) prodita*m* Drev.
[4]) solum Hs.
[5]) mentes Drev.
[6]) virtutem Drev.
[7]) rihtem Hs.
[8]) zu Vers 4 Drev. vgl. zu Hymne X 4.
[9]) di: na, n radiert.
[10]) deṅ Hs.
[11]) framhalden Hs.

Sed tu, excelse d*omi*ne,   3 uzza*n*[1]) du hoher *truh*tin
precantes tuos famulos,   pittente dina scalcha

127 b

labores fessos[2]) diei   harbeiti armuate tages
quietos nox[3]) suscipiat.   stille naht intfahe

Ut non fuscatis mentibus   4 daz ni kasuarztem muatum
dies abscedat seculi,   tak kalide uueralti
sed tua tecti gratia   uzzan dineru pidahte ensti
cerna*mus* luce*m* prosperam.   sehem leoht pruchaz

XV

D*eus* qui certis legibus   1 *cot* der kauuissem euuom
nocte*m* discernis ac die*m*,   naht untarsceidis[4]) ioh tak
ut fessa curis corpora   daz muade ruacho*m*[5]) lihamun
somnu*m* relaxet otio.   slaf intlaze firru

Te noctis inter orride   2 dih dera naht egislihera[6])
te*m*pus precamur, ut sopor   zit pittemes daz sc*l*af[7])
mente*m* dum fessam declinet[9]), muat unzi den*ne*[8]) muadaz
                       pihebit
fidei lux inluminet.   dera kalauba leoht kaliuhte

---

[1]) uzza Hs.   [2]) fessus Hs.
[3]) nox halb ausradiert Siev. Anm.
[4]) n steht über u.   [5]) ruachō Hs.
[6]) egis im Kontext, dazu am Rande mit Verweisungszeichen lihera,
   s. Siev. Anm.
[7]) scaf Hs.
[8]) den. steht über unzi, s. Siev. Anm.
[9]) detinet Drev. 27, 80.

Hostis ne fallax incitet
lasciuis curis[3]) gaudiis,

secreta noctis aduocans
blandus[4]) in isto corpore[5]).

Subrepat nullus sensui
horror[6]) timoris anxii,

inludat mentem ne[7]) uagam
fallax imago uisui[8]).

Sed cum[9]) profundus[10])
  uinxerit
somnus curarum nescius,
fides nequaquam dormiat,
uigil te sensus somniet.

3 fiant ni[1]) luccer kacruazze
  uuanchontem[2]) ruachon men-
    dinum
tauganiu dera naht kaladonti
slecter in desamu lihamin

4 untar chrese niheiner inhucti
  egiso dera forhtun
    angustlichera
ni triuge muat ni irraz
lucci manalicho des kasiunes

5 uzzan denne tiufer kapinte

slaf ruachono *ni uuizzanter*[11])
kalauba neonaltre slafe
uuacharer inhuct insueppe

XVI

Christe, qui lux es et die[12])
noctis tenebras detegis[13]),
lucisq*ue*[14]) lum*en*[15]) crederis[16])

lum*en* beatis[18]) predicans.

1 christ du der leoht pist inti take
  dera naht finstri intdechis
leohtes ioh leoht kala*u*pit[17])
    pist
leoht saligem predigonti

---

[1]) ni:, e ausradiert Siev. Anm.   [2]) uuanchontē Hs.

[3]) cura Drev. 27, 80, curis Var.   [4]) blandos Drev., blandus Var.

[5]) corporę: Hs.   [6]) h fast ganz ausradiert Siev. Anm.

[7]) nec Drev., vgl. Var.   [8]) visuum Drev., visui Var.

[9]) cum fein übergeschrieben Siev. Anm.

[10]) profu: ndos Hs., über o der Endung steht u.

[11]) vor uizzanter Rasur Siev. Anm.   [12]) dies Drev. 23, 157.

[13]) detege Drev. 27, 111.   [14]) lux ipse Drev.

[15]) lucem Drev., lumen Var.   [16]) praeferens Drev.

[17]) kalapit Hs.   [18]) beatum Drev.

54

Precamur, *sancte domine*,   2 pittemes uuiho *truht*tin
defende nocte ac die[1]),   scirmi nahte ioh tage
sit nobis in te requies,   si uns in dir rauua
quieta*m* noctem tribue.   stilla naht gip

Ne grauis somnus inruat   3 ni suarrer slaf ana pleste
nec hostis nos[3]) subri-   nec hostis[2]) unsih untar-

128a

              piat,   chriffe

nec[4]) illi consentiat[5]),   noh imu kahenge[6])
nos tibi reos statuat[7]).   unsih dir sculdi*ge*[8]) kasezze

Oculi somnu*m* capiant,   4 oucun sc*l*af[9]) intfahen
cor semper ad te uigilet,   herza simbulu*m* za dir uuachee
dextera tua protegat   zesuua diniu scirme
famulos qui te diligunt.   scalcha dea dih minnont

Defensor nost*er*, aspice,   5 scirmanto unser sih
insidiantes[10]) reprime[11]), lagonte kadhui
guberna tuos famulos   stiuri dina scalcha
quos sanguine mercatus es. dea pluate archauftos

---

[1]) nos in hac nocte Drev.
[2]) über nec hostis steht von neuerer Hand ni fiant, Siev. vermutet, von Junius geschrieben, s. Anm.
[3]) nobis Drev.
[4]) caro Drev., nec caro Var., vgl. Siev. Anm.
[5]) consentiens Drev., consentiat Var.
[6]) kahenne Hs., kahenge Grimm.
[7]) tatuat Hs.   [8]) sculdi Hs.   [9]) scaf Hs.
[10]) insidiantem Drev.   [11]) ri auf Rasur.

Memento *n*os*tri*, *d*om*ine*, 6 gihugi unser *truh*tin
in graui isto corpore, in suarremu desamo lichamin
qui es defensor anime du der pist scirmo dera selu
adesto nobis, *d*om*ine*. az uuis uns *truh*tin

XVII

Meridie orandum est, 1 mittes takes za petonne ist
christus[1]) deprecandus est, christ za pittanne ist
ut iubeat nos edere daz kabeote unsih ezzan
de suo *sancto* corpore. fona sinemu uuihemu lihamin

Ut ille sit laudabilis 2 daz er si loba*fter*[2])
in uniuerso populo[3]), in allemu liute[4])
ipse celorum *d*om*inus* er selbo himilo *truh*tin
qui sedet in altissimis. der sizit in hohinum

Det[5]) nobis auxilium 3 kebe huns helfa
per angelos mirabiles, duruh angilo uuntarlihe
qui semper nos custodiant dea simblum unsih cahaltan
in omni uita seculi. in eocalihemu libe uueralti[6])

---

[1]) Christusque Drev. 2, 43.   [2]) s. Siev. Anm.
[3]) universis populis Drev.
[4]) e auf Rasur? Siev. Anm. mit Fragezeichen.
[5]) detque Drev., detque? Siev. Anm. mit Fragezeichen.
[6]) uuralti Hs.

XVIII

Sic ter quaternis trahitur[1]
horis dies ad uesperum,
occasum sol pronuntians[2]
noctem redire temporum.

1 so driror feorim kazokan ist
stunton tak za habande
sedalcanc sunna fora cundenti
naht uueruan ziteo

Nos ergo signo domini
tundimus casta pectora,
ne serpens ille callidus
intrandi adtemptet aditus,

2 uuir auur zeichane truhtines
pliuames cadigano prusti
min natra der fizuser
incannes kachoroe zuakangi

Sed armis pudicitiae

mens fulta uigil[4] liberis

3 uzzan uuafanum kahaltini
.. agini[3]
muat arspriuzzit[5] uuachar
friiem

128 b

subrietate comite
hostem repellat inprobum

urtrhuhtidu kasinde
fiant uuidar scurge unchuscan

Sed nec cyborum crapula
tandem distendat corpora,
ne ui per somnum animam
glorificata polluat.

4 uzzan noh muaso uuaragi
uuenneo kadenne[6] lihamon
ni noti duruh sclaf[7] sela
katiurta kauuemme

---

[1] trhaitur Hs.

[2] pronumtians Hs., m > n korr., Siev. Anm.

[3] .. agini mit Verweisungszeichen am inneren Rande, die ersten Buchstaben unlesbar Siev. Anm.

[4] das zweite i < e korr. [5] anspriuzzit Hs.

[6] kadenni Siev. Text, kadenne Index S. 64.

[7] l zwischen a und f übergeschrieben.

XIX

Aurora lucis rutilat,
celum laudibus intonat,
mundus exultans[1]) iubilat,
gemens infernus ululat,

1 tagarod leohtes lohazit
himil lopum donarot
uueralt feginontiu uuatarit
suftonti pech uuafit

Cu*m* rex ille fortissimus
mortis confractis uiribus
pede conculcans tarthara
soluit catena[3]) miseros.

2 denne chuninc der starchisto
todes kaprochanem chrefti*m*[2])
fuazziu katretanti hellauuizzi
intpant chetinnu uuenege

Ille qui clausus[4]) lapide
custoditur sub milite,
triu*m*phans pompa nobile[7])
uictor surgit de funere.

3 der der pilochaner steine
kahaltan[5]) ist untar degane
sigufaginont[6]) keili adallicho[8])
sigouualto[9]) harstant*it*[10]) fona
reuue

Solutis ia*m* gemitibus[11])
et inferni dolorib*us*
quia surrexit d*ominus*
splendens clamat angelus.

4 arlostem giu uuaftim
inti peches suerom
danta arstuant *truh*tin
scinanter haret eingil

---

[1]) exsultat Drev. 2, 47.   [2]) chreftī Hs.

[3]) a poena Drev.

[4]) das erste s auf Rasur von d.

[5]) kahaltant Hs.   [6]) s. Siev. Anm.

[7]) nobili Drev.

[8]) nobile als Adv. übersetzt, s. Siev. Anm.

[9]) sigouualta Siev. Text, sigouualto Index S. 83 und Nachträge.

[10]) harstant Hs., harstantit Grimm.

[11]) gementibus Drev. 27, 107, Var.

Tristes erant apostoli
de nece sui d*omi*ni,
quem poena mortis crudeli[2])
seui[3]) damnarunt impii.

5 cremizze uuarun potun
fona sclahtu iru *truh*tines[1])
den uuizze todes crimmemu
sarfe uuizzinoton kanadilose

Sermone blando[4]) angelus
predicit[5]) mulierib*us*:
in galilea d*omi*n*us*
uidendus est quantotius.

6 uuorte slehtemu angil
fora chuuidit chuuenom
in galilea in kauimizze *truh*ttin
za kasehenne ist so horsco

Ille[6]) dum pergunt concite
apostolis hoc[7]) dicere,
uidentes eum[8]) uiuere
osculant[9]) pedes d*omi*ni.

7 deo denne farant radalicho
poton daz chuuedan
kasehante inan lepen
chussant fuazzi tru*h*tines[10])

Quo agnito discipuli
in galilea[11]) propere

8 demu archantemu discon
in geuimezze ilico

129a

pergunt uidere faciem[13])
desideratam d*omi*ni.

faran*t*[12]) sehan antluzzi
kakerotaz *truh*tines

---

[1]) ti tines Hs., das erste ti in Ligatur Siev. Anm.
[2]) crudelis Drev.   [3]) servi Drev.
[4]) blandus Drev. 2, 47, blando 27, 107, Var.
[5]) praedixit Drev.   [6]) illae Drev.
[7]) haec Drev. 27, 107, Var.   [8]) ::: eum auf Rasur.
[9]) osculantur Drev.   [10]) trutines Hs.
[11]) Galilaeam Drev.   [12]) faran Hs., s. Siev. Anm.
[13]) faeim Hs.

Claro paschale[1]) gaudio
sol mundo nitet[3]) radio,
cum christum iam apostoli
uisu cernunt corporeo.

Ostensa sibi uulnera
in christi carne fulgida
resurrexisse *dominum*
uoce fatetur[4]) publica.

Rex christe clementissime
tu corda nostra posside,
ut tibi laudes debitas
reddamus omni tempore.

Deo patri sit gloria
eiusque soli filio
cum sp*iritu* paraclito
et nunc et in perpetuum.

9 heitaremu ostarlichero mendi[2])
 sunna reinemu scinit scimin
 denne *chris*tan giu potun
 kasiune kasehant lichanaftemu

10 kaauctem im uunton
 in christes fleisge perahtemu
 arstantan *truhti*nan
 stimmu sprichit lutmarreru

11 chuninc christ kanadigosto
 du herzun unsariu pisizzi
 daz dir lop sculdigiu
 keltem eochalichemu zite

12 kote fatere si tiurida
 sine*mu*[5]) ioh einin suniu
 mit atumu pirnantin
 inti nu inte in euun

---

[1]) paschali Drev.
[2]) zu 9, 1 s. Siev. Anm.
[3]) nitens Drev. 27, 107, Var.
[4]) fatentur Drev., s. Siev. Anm.
[5]) sine Hs.

XX

Hic est dies uerus dei	1 deser ist tak uuarer cotes
sanctus[1]) serenus lumine,	uuiher heitarer leohte
quo diluit sanguis sacer	demu uuasc pluat uuihaz
probrosa mundi crimina,	ituuizlicho unchusko[2])
	uueralti firino
Fidem refundens perditis[3])	2 kalaupa kageozzanti
	unkalaupigen
cecosque uisu inluminans:	plinte[4]) ioh kasiune
	inleohtanter
quem non graui soluat[5]) metu	uuenan ni suarremu intpinte
	forhtun
latronis absolutio[6])?	diubes[7]) arlosida
Qui premio mutans crucem[9])	3 der lone muzzonti[8]) chruci
ihesum breui adquesiuit fide	heilant churteru kasuahta
	kalaubu
iustusque preuio gradu	rehter ioh forakantemu staffin
preuenit in regno dei.	qhuam in richi cotes
Obstupent[10]) et angeli	4 stobaroen inti engila
poenam uidentes corpore[11]),	uuizzi kasehante lihamin
christumque[12]) adherentem	christ ioh zua chlibantan
reo[13])	karasentemu
uitam beatam carpere.	lip saligan zogon

---

1) sancto Drev. 50, 16.　　　2) unc ko steht über ituuizlicho.

3) perfidis Drev.　　4) pinte Hs.　　5) solvit Drev.

6) obsolutio Hs., absolutio Drev. und Siev.

7) di: ubes Hs.

8) mozzonti Hs., über dem ersten o steht u.

9) cruce Drev.

10) opus stupent Drev., obstupeant Siev. Anm.

11) corporis Drev.　　12) Christoque Drev.　　13) reum Drev.

Mysterium mirabile,
ut abluat mundi luem,
peccata tollat omnium
carnis uitia mundans caro.

5 karuni uuntarlihc
   daz kauuasge uueralti unreini
   sunto neme[1]) allero
   fleisges achusti reinnenti fleisc

129 b

Quid hoc potest sublimius,
ut culpa querat gratiam,
metumque soluat caritas,
reddatque mors uitam
   nouam[3]).

6 uuaz diu mak hohira
   daz sunta suahe ast
   ioh forachtun[2]) arlose minna
   argebe ioh tod lip niuuan

Amum sibi mors deuoret
suisque se nodis liget,
moreatur uita omnium,
resurgat uita[4]) omnium.

7 angul imu tod farslinte
   sinem ioh sih reisanum pinte
   asterpe lip allero
   arstante lip allero

Cum mors per omnes transeat,
omnes resurgant mortui,
consumpta mors ictu suo
perisse se solam gemat[6]).

8 denne tod upar alle duruch fare
   alle arstanten totun
   kanozzeniu[5]) tod uurfe sinemu
   farloranan sih einun chuere

---

[1]) ne : me, n $<$ m mit Rasur.
[2]) forachtan Hs., über dem zweiten a steht u.
[3]) nouuā Hs., novam Drev.
[4]) ut vita Drev.   [5]) kanozzemu Hs.
[6]) zu 8, 4 s. Siev. Anm.

XXI

Ad cenam agni prouidi[1]
stolis albis candidi
post transitum maris rubri
christo canamus principi.

1 za nahtmuase lambes kauuare
kauuatim uuizzem clizzante[2]
after[3] ubarferti meres rotes
christe singem furistin

Cuius sacrum corpusculum[4]
in ara crucis torredum
cruore eius roseo
gustando uiuimus deo.

2 des uuih lihamilo
in altare chruzes karostit
trore sinemu rosfaruuemu
choronto lepemes kote

Protecti pascha uesperum[5]
a deuastante angelo,
erepti de durissimo
pharaonis imperio.

3 kascirmte hostrun aband
fona uuuastantemu engile[6]
arratte fona starchistin[7]
faraones kapote

am pascha nostrum christus
    est,
qui immolatus agnus est,
sinceritatis azima
caro[9] eius oblata est.

4 giu ostrun unsar christ ist

der kasclactot[8] lamp ist
dera lutri derpaz
lihamo sin kaoffarot[10] ist

---

[1] zu 1, 1 s. Siev. Anm.
[2] cliz... Schluß des Wortes unlesbar Siev. Anm.
[3] s. Siev. Anm.
[4] corposculū, über dem zweiten o ein u Hs.
[5] vespere Drev. 2, 46.
[6] engile abgerieben.   [7] starchistim Hs.
[8] kascactot Hs.   [9] a < o korr.
[10] : sin kaofftarot Hs., kaofstarot Siev. Anm. mit Fragezeichen.

O uere digna hostia,
p*er* qua*m*[1]) fracta sunt
   tarthara,
redempta plebs captiuata,
reddita uite[2]) premia!

5 uuola uaro uuirdih zebar
   duruch dea arprochan sint
     paech
   archaufit liut caelilentot
   argepan lipes lona

Cu*m* surgit christus tumulo,
uictor redit de baratro[3]),

tyrannu*m* trudens[5]) uinculo

et reserens[6]) paradysu*m*.

6 denne arstat christ crape
   sigesnemo uuarf[4]) fona
     hellacruapo
   des palouues uuarc kapintanti
     pante
   inti intsperranti[7]) uunni-
     gartun[8])

Quesumus auctor omniu*m*
in hoc paschale gaudio,
ab omni mortis inpetu
tuu*m* defendas[9]) populu*m*.

7 pittemes ortfrumo allero
   in desamo hostarlicheru mendi
   fona allemu todes analaufte
   dinan kascirmi liut

---

[1]) quem Drev. 2, 46 ist Druckfehler, s. Drev. 27, 88 Var.

[2]) redit ad vitae Drev. 2, 46, reddito vitae praemio 27, 88; uete, über u steht i Hs., s. Siev. Anm.

[3]) b < p korr.   [4]) uuaf, über a steht r Hs.

[5]) tradens Drev. 27, 88, trudens Var.

[6]) reserans Drev. 2, 46.   [7]) : intsperranti Hs.

[8]) uunnigartum Hs.   [9]) defende Drev. 2, 46.

XXII

116a

Aeterna christi munera	1 euuige *chri*stes lon
et martyru*m*[1]) uictoria[2])	inti urchundono kauuirich
laudes ferentes[3]) debitas	lop pringante sculdigiu
letis canam*us* m*en*tib*us*.	frouuem singem muatum[4])
Ecclesiaru*m* principes	2 chirichono furistun
et belli triu*m*phales duces,	inti uuiges siganumftiliches[5])
	leitida
celestis aule milites	himiliskera chamara chnehta
et uera mundi lumina.	inti uuariu uueralti leoht
Terrore[6]) uicto[7]) seculi	3 egisin kirichante uueralti
poenisq*ue* spretis corporis	uuizzum ioh fermanente*m*[8])
	lichamin
mortis sacre conpendio	todes uuihes kafuarre
uita*m*[9]) beata*m* possident.	lip saligan pisizzant
Tradun*tur* igni martyres	4 kiselit uuerdant fiure urchun-
	dun
et bestiaru*m* dentib*us*,	inti tioro zenim
armata seuis[10]) ungulis	kiuuaffantiu sarfem chlauuon
tortores[11]) insani man*us*.	uuizzinarra unheilara henti

---

1) apostolorum Drev. 2, 74.
2) victorias Drev. 50, 19, s. Siev. Anm.
3) canentes Drev.　　　4) muatū Hs.　　　　5) c > g korr.
6) Terrore :, s und Strich über e radiert.
7) uicto : : :, res ausradiert.　　　8) fermanentē Hs.
9) lucem Drev.　　　　10) saevit Drev.
11) tortoris Drev., s. Siev. Anm.

Nudata pendens[1]) uiscera,
sanguis sacratus funditur,
sed p*er*manent inmobiles

uitae p*er*ennis gratia.

5 kinachatotiu hangent innodi
pluat keheiligot kicozan ist
uzan thurah uuesant unga-
　　ruorige
libes euuiges ensti

Deuota *sanctorum* fides
inuicta spes credentium,

p*er*fecta christi caritas
mundi triu*m*phat principes[2]).

6 kideht uuihero kelauba
unuparuuntan uuan
　　keloubentero
thurahnohtiu christes minna
uueralti ubarsigirot furistun

In his pate*r*na gloria,
in his uoluntas sp*iritus*,
exultat in his filius,
caelu*m* repletur gaudio[3]).

7 in deam faterlichiu tiurida
in deam uuillo atumes
feginot in deam sun
himil erfullit mendi[4])

Te nunc, redemptor,
　　q*uesumu*s
ut martyru*m*[5]) consortio[6])
iungas p*re*cantes seruulos
in sempite*r*na secu*l*a. am*en*.

8 thih nu chaufo pittemes

thaz urchundono kamachadiu
kemachoes pittante schalchilun
in euuigo uueralti

---

1) pendent Drev. und Siev. Text, pendens Hs. Siev. Anm.
2) principem Drev.　　　　　3) gaudiū :, m radiert Hs.
4) menidi Hs.? vgl. Siev. Anm.
5) apostolorum Drev.
6) über dem letzten o steht ū.

XXIII

Tempus noctis surgentib*us*
laudes deo dicentib*us*
christo ihesuq*ue* d*om*ino
in trinitatis gloria.

1 cit thera naht erstantante*m*[1])
lop cote quhedenten
christe c*hris*te ioh truhtine
in dera thriunissa tiuridu

Chorus sa*n*ctoru*m* psallim*us*,
ceruices n*os*tras flectim*us*,
uel genua prosternim*us*
peccata confitentib*us*.

2 cartsanc uuiheru singames
halsa unsero piugemes
erdu chniu nidar spreitemes
sunto gehantem

Oremus deo iugiter,
uincamus in bono malu*m*,
cum fructu penitentie
uotu*m* *p*erenni reddere.

3 pittem cot simblum
karichem in cuate ubil
mit uuochru thera reuun
antheizun simbligan keltan

Christum rogem*us* et patre*m*
s*an*ctu*m* patrisque sp*iritu*m,
ut det nobis auxilium,
uincam*us* hostem[2]) inuidum.

4 christ pittem inti fateran
uuihan fateres ioh atum
thaz kebe uns helfa
karichem heri[3]) fiant abansti-
gan

---

[1]) erstantantē Hs.
[2]) hostēm Hs.
[3]) s. Siev. Anm.

XXIV

116b

Rex eterne d*o*mine,   1 cuninc[1]) euuigo truhtin
rerum creator omnium,   rachono scephant allero
qui es[2]) ante secula   ther pist fora uueralti
semp*er cum* patre filius[4]).   simblu*m*[3]) mit fatere sun

Qui mundi in primordio   2 ther uueralti in frumiscafti
ada*m* plasmasti hom*i*nem[5])   adaman kascuofi man
cui tui[6]) imaginis[7])   themu[8]) thineru kilihnissa
uultum dedisti simile*m*.   antlutti cabi kalichas

Que*m* diabulus deciperat,   3 then unholda pisuueih
hostis humani[9]) generis,   fiant manaschines chunnes
cuius tu forma*m* corporis   thes thu kilihnissa pilidi
        lichamin
adsumere dignatus es,   antfahan kiuuerdotos

Ut hominem redemeres   4 thaz man erchauftis
que*m* ante iam plasmaueras   then fora giu kascaffotos
et nos deo coniungeres[10])   thaz unsih cote kimachotis
p*er* carnis co*n*tubernium.   thurah fleiskes[11]) kimachida

---

[1]) cuninc Hs., cuning Siev., s. Lichtdr. 28, 1.
[2]) es Drev. 2, 47, eras Siev. Anm.
[3]) simblū Hs.   [4]) u < a korr.
[5]) homnē Hs., s. Lichtdr. 28, 3.
[6]) i nachgetragen, tuae Drev.   [7]) is auf Rasur.
[8]) u steht über m.   [9]) humano Hs.
[10]) coniungeras Hs.   [11]) fleikes Hs.

Quem editu*m* ex uirgine   5 then keporan[1]) fona magidi
pauiscit omnis anima,   erfurahtit eocalih sela
p*er* que*m* nos resurgere   thuruh then unsih erstantan
deuota m*en*te credimus.   kedehtamu muate kelaubemes

Qui nobis p*er* babtismu*m*[2])   6 ther unsih thurah taufi
donasti indulgentiam,   capi antlazida
qui tenebamur uinculis   uuir dar pihabet uuarun
     pantirun
ligati conscientie;   kipuntane uuizantheiti

Qui cruce*m* propter homine*m*   7 ther chruci thurah mannan
suscipere dignatus es,   antfahan kiuuerdotos
dedisti tuum sanguine*m*   cabi thin pluat
n*ost*re salutis precium[3]).   unsera heili uuerth

Nam uelum templi scissu*m* e*st*   8 inu lachan thera halla kizerrit
     uuarth
et omnis terra tremuit,   inti alliu erda pipeta
tunc multos[4]) dorm*ien*tiu*m*   thenne manege slaffantero
resuscitasti, d*omine*.   eruuahtos truhtin[5])

---

[1]) keporanan Grimm, s. Siev. Anm., keporan. Hs., vgl. Lichtdr. 28, 9.
[2]) babtismū Hs., vgl. Siev. Anm.
[3]) c < t korr. Siev. Anm., vgl. aber Lichtdr. 28, 14: Ligatur ec.
[4]) multis Hs.   [5]) dtruhtin Hs.

Tu hostis antiqui uires
p*er* cruce*m* mortis conteris,
qua nos signati fronti*bus*

uixillu*m* fidei ferim*us*.

9 thu fientes hentriskes chrefti
thuruh chruci todes mulis
themo uuir kezeichante
endinum
siginu*m*ft[1]) thera kelauba
fuaremes

Tu illum a[2]) nobis semp*er*
reppellere dignaueris,
ne umqua*m* possit ledere
redemptos tuo sanguine.

10 thu inan fona uns simblun
ferscurgan kiuuerdoes
ni eonaltre megi keterran
archaufte thine*mu*[3]) pluate

Qui propt*er* nos ad inferos
discendere dignatus es,
ut mortis debitori*bus*
uite donares[4]) munera.

11 ther thurah unsih za hellom
nidar stigan kiuuerdotos
thaz todes scolom
libes cabis kifti

Tibi noc*tur*no *tem*pore
ymnu*m* defflentes canim*us*,
ignosce nobis, *domine*,
ignosce confitentibus.

12 thir nahtlichemo zite
lop reozzante singemes
pilaz uns truhtin
pilaz gehanten

---

[1]) siginūft Hs.
[2]) a übergeschrieben
[3]) thine Hs.
[4]) donaris Hs.

Quia[1] tu ipse testis et iudex

quem nemo potest fallere

13 thanta du selbo urchundo
   inti suanari pist

   then nioman mac triugan

117a

secreta consciencie
nostre uidens uestigia.

tauganiu uuizzantheiti
unsera sehanti spor

Tu nostrorum pectorum
solus inuestigator es,
tu uulnerum latentium
bonus adsistens[2]) medicus.

14 thu unserero prustio
   eino spurrento pist
   thu uuntono luzzentero
   cuater az standanter[3]) lachi

Tu es qui certo tempore
daturus finem seculi,
tu cunctorum meritis
iustus remunerator es.

15 thu pist[4]) ther kiuuissemu zite
   kepenter enti uueralti
   thu allero frehtim[5])
   rehter lonari pist

Te ergo, sancte, quesumus
ut nostra[6]) cures uulnera,
qui es cum patre filius
semper cum sancto spiritu.

16 thih nu uuiho pittemes
   thaz unsero reinnes uuntun
   ther pist mit fatere sun
   simblum[7]) mit uuihemo atume

---

[1]) s. Siev. Anm.   [2]) ns übergeschrieben
[3]) s. Siev. Anm.
[4]) s zwischen i und t übergeschrieben.
[5]) frehtī Hs.   [6]) nostrę, über e steht a.
[7]) simblū Hs.

XXV

Aeterne rerum conditor,
noctem diemque qui regis
et temporum dans[1]) tempora,
ut adleues fastidium.

1 euuigo rachono felahanto
naht tac ioh ther rihtis
inti ziteo kepanti[2]) ziti
thaz erpurres urgauuida

Preco diei iam sonat
noctis profunde[3]) peruigil,

2 foraharo tages giu lutit
thera naht tiufin thurahuua-
    char

nocturna lux uiantibus
a nocte noctem segregans.

nohtlih lioht uuegontem[4])
fona nahti naht suntaronti

Hoc excitatus lucifer
soluit polum caligine,
hoc omnis errorum[6]) chorus

3 themu eruuahter tagestern
intpintit[5]) himil tunchli
themo iokiuuelih irrituomo
    samanunga

uiam[7]) nocendi desserit[8]).

uuec terrennes ferlazit

Hoc nauta uires colegit[9]),
pontique mitescunt freta,
hoc ipsa[10]) petri[11]) ecclesia

4 themu ferro chrefti kelisit
seuues ioh kistillent kiozun
themu selbiu pietres
    samanunga

canente culpam diluit.

singantemo sunta uuaskit

---

[1]) das Drev. 50, 11, vgl. Siev. Anm.
[2]) s. Siev. Anm. [3]) Daab, Beitr. 83 (1962), S. 291.
[4]) uuegontē Hs. [5]) intpintant Hs., s. Siev. Anm.
[6]) erronum Drev. [7]) vias Drev.
[8]) deserit Drev., ein s übergeschrieben, s. Siev. Anm.
[9]) colligit Drev. [10]) ipse Drev. [11]) petra Drev.

6*

Surgamus ergo strenue,
gallus iacentes excitat
et somnolentos increpat,
gallus negantes arguit[2]).

Gallo canente spes rediit[3]),

egris[4]) salus refunditur,

mucro latronis soluitur[6])
lapsis fides reuertitur.

Ihesu, pauentes[8]) respice
et nos uidendo corrige.
si nos[9]) respicis, lapsi[10]) non
    cadunt[12]),
fletuque culpa soluitur.

Tu lux refulge sensibus
noctisque[14]) somnum discute,
te nostra[15]) uox primum sonet,
et ora soluamus tibi.

5 arstantem auur snellicho[1])
  hano lickante uuechit
  inti slaffiline refsit
  hano laugenente refsit

6 henin singantemo uuan
    erkepan *ist*
  siuchem[5]) heili auur kicozzan
    ist
  uuaffan[7]) thiupes intpuntan
  pisliften kilauba uuiruit

7 heilant furahtante kasih
  inti unsih kesehanto kirihti
  ibu usih kisihis pislifte[11])
    ni fallant
  uuofte ioh sunta inpuntan[13])
    uuirdit

8 thu lioht arskin huctim
  thera nacht ioh slaf arscuti
  thih unsriu stimma erist lutte
  inti munda keltem thir

---

[1]) snnellicho Hs.   [2]) arguit auf Rasur, arguit Drev.
[3]) redit Drev.   [4]) : egri Hs., a radiert.
[5]) siuchē Hs.   [6]) conditur Drev.
[7]) uuaffa Hs.   [8]) labentes Drev., pauente : Hs., s radiert.
[9]) nos fehlt Drev.
[10]) lapsus Drev.   [11]) sli < u korr.
[12]) cadunt, non fehlt Drev.
[13]) inputan Hs.
[14]) mentisque Drev.
[15]) s in x hineinkorr.

XXVa[1])

Te decet laus, te decet ymnus, 1 thir krisit lop *thir krisit* lopsanc
tibi gloria deo patri   thir tiurida cote fatere
et filio cum *sancto* sp*iritu*   inti sune mit uuihemo atume
in sec*u*la sec*u*loru*m*. amen.   in uueralti uuiralteo uuar

XXVI

117b

Te d*eum* laudam*us*,   1 thih cot *lobo*mes
te d*ominum* confitemur.   thih *truhti*nan gehemes
Te eternu*m* patrem   thih euuigan fater
omnis terra ueneratur.   eokiuuelih erda uuirdit eret

Tibi omnes angeli, tibi caeli   2 *thir* alle *angi*la *thir himi*la
et uniuerse potestates,   *inti* allo kiuualtido
Tibi cerubin et syraphin[2])   *thir cerubin inti siraphin*[3])
incessabili uoce p*ro*clamant.   unbilibanlicheru sti*mmo*[4])
                                               fora harent

Sanctus sanctus sanctus   3 uuiher *uuiher uuihe*r
dominus deus sabaoth,   *tru*h*t*in cot herro
Pleni s*unt* celi et terre[5])   folliu sint *himi*la *inti* erda
magestate glorie tue.   thera meginchrefti tiurida
                                               *thi*nera

---

[1]) ursprünglich selbständiger Hymnus Siev. Anm., s. Benediktinerregel ATB 50, 39.
[2]) seraphin Hs., über e steht y.
[3]) von Siev. ergänzt, s. seine Anm.
[4]) stīmo Hs.
[5]) terre Hs., über dem zweiten e steht a.

74

Te gloriosus apostolorum
 chorus,
Te prophetarum laudabilis
 numerus,
Te martyrum candidatus
laudat exercitus.

Te per orbem terrarum
sancta confitetur ecclesia,
Patrem inmense magestatis,

Uenerandum tuum uerum
 unicum filium,
Sanctum quoque paraclitum
 spiritum.

Tu rex glorie christus,

Tu patri sempiternus es filius,
Tu ad liberandum suscepisti
 hominem:
non orruisti uirgini[4]) uterum.

Tu deuicto
mortis aculeo
aperuisti credentibus
regna celorum.

4 thih tiurlicher potono cart

 thih uuizagono loplichiu
 ruaua
 thih urchundono kasconnot
 lobot[1]) heri

5 thih thuruh umbiuurft erdono
 uuihiu gihit samanunga
 fater[2]) ungimezenera meginchrefti
 erhaftan thinan uuaran
 einagun[3]) sun
 uuihan auh trost atum

6 thu chuninc thera tiurido
 christ
 thu fateres simbliger pist sun
 thu za arlosanne anfingi
 mannan
 ni leithlichetos thera magidi
 ref

7 thu kerihtemo ubaruunnomo[5])
 todes angin
 intati[6]) calaupentem[7])
 richi himilo

---

[1]) lobo Hs., s. Siev. Anm.
[2]) s. Siev. Anm.   [3]) einagu Hs.
[4]) uirgine Hs., in e ein i hineingeschrieben, uirginis Siev. Text.
[5]) die Doppelglosse steht am Rande vor thu.
[6]) intat Hs.   [7]) calaupentē Hs.

Tu ad dexteram *dei* sedes
in gloriam patris.
Judex[1]) crederis[2]) esse uentu-
    rus.

8 thu za zesuuun *cotes* sizis
  in tiuridu fateres
  suanari *za* kelaupanne pist
    uuesan chumftiger

Te ergo q*uesumus*,
tuis famulis subueni,
quos *precioso* sanguine[4])
    redemisti.

9 *thi*h auur p*ittemes*
  thinem[3]) *scalchun* hilf
  thea tiuremo pluate *archauftos*

Aete*rna* fac cum *sanctis* tuis

gloria munerare.

10 euuigero tua mit uuihe*m*
    thinem[5])
  tiurida lonot

Saluu*m* fac populu*m* tuum,
    d*om*i*n*e
et benedic ereditati tue
Et rege eos et extolle illos
usq*ue* in ete*rnum*.

11 k*ah*a*l*tan[6]) tua folh liut thinaz
    *truh*tin
  *inti uuih*i *erbe thinemu*
  inti rihti sie erheui sie
  unzi in euuin

P*er* singulos dies[8]) benedici-
    m*us* te
et laudamus nom*en* tuu*m*
in sec*ulum* et in sec*ulum*
    sec*uli*.

12 thur*ah*[7]) einluze taga uuela
    quhedemes thih
  inti lobomes *namun thinan*
  *in uuera*lti *inti in uuera*lti[9])
    *uuera*lti

---

[1]) auf Rasur.

[2]) cre mit Verweisungszeichen am Rande.

[3]) nē Hs.

[4]) sanguinie Hs., s. Siev. Anm.

[5]) uuihē thinē Hs.

[6]) ke*h*a*l*tan Ergänzung Siev. Text. Meine Ergänzung zu ka- ist begründet Beitr. 83 (1962), S. 299.

[7]) thur̄ Hs.   [8]) e < c korr.   [9]) s. Siev. Anm.

76

Dignare, d*omine*, die isto	13 kiuuerdo *truhtin tage the*mo
sine peccato nos custodire.	ana *sun*ta unsih *kahal*tan[1])

Dignare, d*omine*, die isto 13 kiuuerdo *truhtin tage the*mo
sine peccato nos custodire. ana *sun*ta unsih *kahal*tan[1])

Miserere n*ostri*, d*omine*, 14 ...de *un*ser *truh*tin
miserere n*ostri*. ...de *un*ser

Fiat misericordia tua, d*omine*, 15 si *ken*ada thiniu *truhtin u*bar
  sup*er* nos, *un*sih
quemadmodu*m* sperauim*us* thiu mezu *uuant*omes in thih
  in te.

In te, d*omine*, speraui, 16 *in thih truh*tin uuanta
n*on* c*on*fundar in et*ernum*. ni si kiskentit in euun

---

[1]) Beitr. 83, S. 299.

DIE ALTALEMANNISCHE PSALMENÜBERSETZUNG

Text

Nach Photokopien neu kollationiert. Die Blätter sind sehr schlecht erhalten, und seit Steinmeyers Druck im Jahre 1916 ist die Lesbarkeit offenbar wesentlich geringer geworden. Wenigstens nach den Photokopien, die ich mir in Dillingen und München anfertigen ließ, kann ich die von Steinmeyer damals erschlossenen Buchstaben, häufig sogar Wörter und ganze Zeilen zu einem großen Teil nicht mehr lesen. Einige Textstellen sind in Flecken oder Falten völlig verschwunden.

Ich übernehme Steinmeyers Text, vor allem selbstverständlich an den zerstörten und unleserlichen Stellen. Der Text, den schon er nicht mehr vorfand, ist kursiv gedruckt. Die Ergänzungen stammen also von ihm. Die neu auftretenden Mängel, die uns die Entzifferung bedeutend erschweren und schmälern, gebe ich in den Anmerkungen, so daß man eine zuverlässige Kontrolle des Unterschiedes zwischen Steinmeyers damals noch lesbarem Text und den heutigen Möglichkeiten durchführen kann. Ist etwas noch gut und zweifelsfrei lesbar, so wird das besonders hervorgehoben.

Ich bezeichne durch Überschriften das Dillinger Doppelblatt und die beiden Münchner Einzelblätter, richte mich aber nach Steinmeyers Zählung: Vorder- und Rückseiten des Dillinger Doppelblattes 1a und b, 2a und b, der Münchner Einzelblätter 3a und b, 4a und b. Für jede Codexseite (in runder Klammer) gebe ich Steinmeyers Seiten- und Zeilenzahl [in eckiger Klammer] an. Auch übernehme ich von ihm die Zählung der einzelnen Psalmen und die Bezeichnung der Verse.

Auf diese Weise gewinnen wir den Vorteil, Steinmeyers Text aus den Kleineren Althochdeutschen Sprachdenkmälern, die vergriffen und deshalb im allgemeinen nicht mehr zugänglich sind, zu erhalten und doch den jetzigen Stand der Lesbarkeit festzulegen.

Das Dillinger Doppelblatt 1 und 2

CVII.

[293, 1–20] (1 a)[1]

7. Saluum fac dextera tua et ex*audi*[3] *me* |
8. d*eus* locutus est in *sancto* suo. |

7. kahaltana tua cesuun dina[2] *inti* . . . |
8. cot sprehhanter ist in uuihemo sinemo[4] |

---

[1] die Seite der Hs. ist am rechten Rande abgeschnitten. Der Psalmentext ist von Steinmeyer ergänzt. Ein Lichtdruck der Seite Baes. Abr. Tafel VI.

[2] vgl. St. S. 300, Beitr. 69, S. 405 und 83, S. 297 ff.

[3] von x Reste.

[4] o am Rande halb abgeschnitten.

Exultabo ÷ et diuidam
sicimam *et conuallem*
tabernaculorum dimetiar! |
9. Meus est galaad. et
meus est man*asses* et
ephraim[7]) | susceptio
cap*itis mei* |
Juda rex meus!
10. moab lebes spe*i meae* |
In idumeam extendam
calcia*mentum meum* |
mihi alienigenae amici
fact*i sunt* |
11. Quis deducet me in
ciuitatem *munitam quis* |
deducet me. usque in
idumeam[14]) |

froon inti ceteilo
euuilendi.[5]) . . . |
selidono mizzu |
9. miner ist galaad. inti
miner ist man*asses*[6]) |
. . . antfanc
des ho*ubites* . . |
iudas chuninc miner.
10. moab uueref[8]) des . . |
in idumea kidennu
kescuoi[9]) . . . |
mir helidiota[10]) friunt
uuo*rtana* . . . |
11. uuer kileittit[11]) mih in
buruc . . . |
kileittit mih[12]). uncin[13]) in
idumea |

---

[5]) vgl. St. S. 293 A 2.

[6]) vom zweiten a nur ein Rest (St.).

[7]) vgl. St. A 2. Nach der Photokopie zu urteilen war kein Raum für et ephraim vorhanden, stand nur manasses.

[8]) Baes. Abr. (S. 11 A 2) liest uueres, ich entscheide mich für uueref, der Haken durchstreicht den Schaft, während er bei s nur links davon zu sehen ist.

[9]) die Vorsilbe ke ist nicht mehr lesbar.

[10])] St. Ich kann den Punkt nicht sehen.

[11]) die Vorsilbe ki ist allenfalls noch zu erkennen, auch das letzte t ist gut lesbar, der mittlere Teil des Wortes ist völlig verwischt.

[12]) von h ist noch die Oberlänge vorhanden, der Punkt nicht mehr.

[13]) Anfang des u sehr undeutlich.

[14]) Hälfte des m abgeschnitten.

12. Nonne tu d*eus* qui
reppulisti[1]) nos[2]) *et non*
exibis deus in uirtutibus
nostris. |
[293, 21–26; 294, 1–13] (1 b)[5]
13. *Da nobis auxilium*
de tribulatione! | quia
uana salus] hominis. |
14. *In deo faciemus uir-*
tutem![7]) et ipse ad
nihilum | *deducet*
inimicos[11]) nostros. |

12. inu ni du cot du
fartribi unsih. in*ti*[3])...
... in creftin[4])
unseren. |

13. . . . .
arabeiti[6]) | . . .
... des mannes |
14. . . . .
craft[8]). in*ti*[9]) er selbo ce
niuuuihti[10]) | . . .
fianta[12]) unsera |

CVIII. Psalmus. Dauid. |

2. *Deus laudem meam*
ne tacueris. quia os
peccatoris. | *et os dolosi*
super me apertum est.

2. . . . *mi*naz
nisuuiges[13]). danta mund
des suntigen | . . .
. . mih[14]) intlohhan[15]) ist |

---

[1]) das erste p ist übergeschrieben (St.).

[2]) das ganze Wort nahezu durch ein Loch zerstört, von n und s Reste.

[3]) beide Wörter sind jetzt unlesbar.

[4]) ich kann nur noch cref erkennen, der Rest ist verwischt.

[5]) die Codexseite ist am linken Rande zerstört, entsprechend der
Vorderseite 1 a.

[6]) von r ein Rest (St.).

[7]) von r noch eine Spur des Hakens rechts.

[8]) von r die Hälfte erhalten.

[9]) offenbar von vorn herein fehlerhaft, für t ist kein Raum. Vgl. St.
A 11.

[10]) ti nicht mehr lesbar.   [11]) von c Rest (St.).

[12]) s. St. A 12.

[13]) vom ersten s nur der Haken erhalten.

[14]) m nur zur Hälfte erhalten.

[15]) von l ein Schatten, vgl. St. S. 294 A 3.

3. *Locuti sunt aduersum*
me lingua dolosa. | *et*
sermonibus odii! circum-
dederunt me. | *et ex-*
pugnauerunt me gratis. |
4. *Pro eo ut me dilige-*
rent.[4]) detrahebant mihi! |
ego autem orabam |
5. *Et posuerunt aduersum*
me mala pro bonis! |

3. . . . *uui*der
mih[1]) zunga seriu | . .
. . . *fi*antscaffi[2]). umbi-
seliton mih | . . .
. . . mih arauuingu[3]) |
4. . . . *min-*
*n*otin. pisprahhun mih |
. . . .
. . . .[5])
mih[6]) ubili pi guoton[7]) |

[294, 14–28; 295, 1–8] (2a)   CXIII.

12. Benedixit[8]) domui[9])
israhel benedixit do-
mui aaron |
13. Bene*dixit*[11]) omnibus[12])
qui timent do*minum.*
pussillis | cum maioribus[15]) |

12. uuihta hiuuiski[10])
isra*h*elo uuihta hi-
uuiski arones |
13. uuihta alle
dia furihtant[13]) tru*h*t*i*nan.
luzcile | mit[14]) meron[16]) |

---

[1]) beide Wörter kaum noch lesbar.

[2]) s. St. A 5.   [3]) s. St. A 6.

[4]) von r ein Rest (St.).   [5]) s. St. A 7.

[6]) nur h noch lesbar.

[7]) ich sehe nur noch Schatten von Buchstaben, die ich nicht identifizieren kann.

[8]) nur der Anfang lesbar, der Rest durch ein Loch zerstört oder sehr
verwischt, s. St. A 2.

[9]) o zerstört, das Wort im ganzen kaum noch erkennbar, s. St. ebda.

[10]) ich kann nur uuiski noch lesen.

[11]) nur zum Teil noch zu erkennen, s. St. A 3.

[12]) von m nur ein Rest.   [13]) i ist verschwunden.

[14]) von mit nur Reste.

[15]) cum maioribus St., cum ist in einer Pergamentfalte verschwunden,
maiorib. Hs.

[16]) s. St. A 10.

82

14. Adiciat d*omin*us super
uos. super uos. et super
filios uestros. |
15. Benedicti uos domino[2])
qui fecit caelum[4]) et
terram |
16. Caelum caeli d*omin*o
terram[6]) autem dedit
filiis homin*um*[8]) |
17. Non mortui[9]) laudabunt
te d*omin*e Neque omnes |
qui[10]) descendunt[12]) in
infernum[14]). |

14. zuo auhhe tru*h*tin uber
hiuuuih uber hiuuuih. inti uber
suni (khind[1])) euuueriu |
15. kiuuihta ier[3]) tru*ht*ine
der teta himil inti
erda[5]) |
16. himil himilo tru*ht*ine[7])
erda auur kap
barn manno |
17. nales tote lobont
dih truhtin. noh alle |
dia [11]) nidarstigant[13]) in
hellu[14]) |

---

[1]) der Text hinter tru*h*tin bis suni nur noch schattenhaft, ich übernehme ihn von St., von suni ist die zweite Hälfte erkennbar, khind,
das darüber zu sehen war (St.), von mir nicht mehr auszumachen.

[2]) Ben noch deutlich, von da an Schatten von ehemaliger Schrift. Zu
domino vgl. St. A 4.

[3]) von r obere Spur (St.).   [4]) s. St. A 5.

[5]) inti erda nicht mehr lesbar.

[6]) Cae noch lesbar, das Folgende bis zum a von terram unleserlich, von
a ein Rest.

[7]) beide Wörter zerstört, von erda an wieder lesbar.

[8]) homin*um* nicht mehr lesbar, um konnte schon St. nicht erkennen
(A 6).

[9]) mortui zwischen zwei Falten völlig verwischt.

[10]) von qui nur noch q erhalten.

[11]) dia St., vgl. dazu A 13. Das Wort steht auf der Falte, auch die
Buchstaben hinter d sind dadurch verschoben. Ich entscheide mich
wie St. für dia (nicht dhea). Dagegen Baes. Abr. S. 11 A 2. Den
Ausschlag könnte geben, daß die Hs. auch sonst dia schreibt.

[12]) allenfalls ist unt noch lesbar, das Vorhergehende in der Falte verschwunden.

[13]) von r nur eine Spur.

[14]) u ist sicher, s. auch St. A 14.

18. Sed nos qui uiuimus[3])
benedicimus d*omi*no ex

hoc nunc | et *usque in*[8])
saeculum. |

18.uzzan[1]) uuer[2]) der lebemes[4])
uuolaquedemes[5]) tr*uh*t*i*ne[6]).
   fona
nu[7]) | int*i uncin*[8]) in
uuerolt. |

P*salm*us[8]) Dauid. CXIIII. |

1. D*ilexi*[8]) quoniam[9]) exaudiet
d*omi*n*us*. uocem oratio-
nis meae[10]) |
2. Quia inclinauit aurem
suam mihi. et in
diebus meis |
[295, 9–26] (2b)[12])
inuocabo te.[13]) |
3. Circumdederunt me
dolores mortis peri-
cula[14]) | inferni
inuenerunt me. |

1. *minnota*[8]) pidiu kehorta
tr*uh*tin. stimma des ke-
betes mines |
2. danta kineicta ora
sinaz mir. inti in
tagon minen. |[11])

kinemmu dih |
3. umbiseliton mih
seher des todes zaala |
dera hella[15])
funtun mih |

---

[1]) das zweite z in der Falte verschwunden, vgl. St. S. 295 A 1.

[2]) r ebenso (A 2).   [3]) von *uiu*imus Anfang unlesbar.

[4]) sehr undeutlich, vom letzten Strich des m an besser.

[5]) Anfang des Wortes erkennbar, mes zerstört.

[6]) nicht mehr vorhanden, ich übernehme das Wort von St.

[7]) fona kann ich erkennen, nu ist verschwunden.

[8]) usque in, salm, ilexi und die Glossierung von Signatur übermalt, uncin und minnota von St. ergänzt, s. St. A 1.

[9]) quoniam völlig unlesbar.

[10]) mea durch Flecken überdeckt.

[11]) die Zeile z. T. völlig unleserlich, zu erraten sind noch minaz und mir, von *tag*on an wieder erkennbar.

[12]) Lichtdruck der Seite Baes. Abr. Tafel VI.

[13]) s. St. A 2.   [14]) s. St. A 3.

[15]) h übergeschrieben (St. A 4).

Tribulationem[1]) et dolorem
inueni. 4. et nomen
domini | inuocaui. |
O *domine* libera
animam meam!
5. misericors dominus
et iustus | et d*eus*
noster miseretur. |
6. Custodiens paruulos
dominus! humiliatus
sum | et liberauit me. |
7. Conuertere anima mea
in requiem tuam. | quia
dominus benefecit tibi; |
8. Quia eripuit animam
meam de morte. oculos
meos | a lacrimis! pedes
meos a lapsu. |

arabeit inti seher
fand. 4. inti namon[2])
truhtines[3]) | kinamta[4]) |
uuolago *truhtin* erlosi
sela mina.
5. kenadiger[5]) truhtin
inti rehter[6]) | inti got
unser kenadit |
6. kehaltanti luzcila[7])
truhtin. kediomuoter[8])
pim | inti arlosta[9]) mih |
7. uuerbi sela mina
in resti dina[10]) | danta
truhtin uuolateta[11]) dir |
8. danta erlosta[12]) sela
mina fona tode. ougun
miniu |[13]) fona zaharim. fuozzi
mine fona slippe. |[14])

---

[1]) T nahezu zerstört.

[2]) Korrektur am o ($<$ u? St. A 5).

[3]) nes sehr undeutlich. [4]) nur noch schattenhaft.

[5]) Vorsilbe deutlich, das übrige Wort in Spuren vorhanden.

[6]) von reht Spuren, Endung am Rande zerstört.

[7]) luz schattenhaft erkennbar, der Rest durch Fleck überdeckt.

[8]) s. St. A 7. [9]) arlos deutlich, die Endung verwischt.

[10]) dina nicht lesbar.

[11]) von beiden Wörtern nur noch schattenhafte Reste, ein Teil von
uuolateta ist lesbar.

[12]) den Anfang des Wortes kann man noch erraten (erl), der Rest ist
nicht mehr vorhanden.

[13]) fona läßt sich lesen, von der Zeile sonst undeutbare Spuren.

[14]) die Zeile nur noch in Resten erratbar, das erste fona völlig verschwunden, zaharim und das zweite fona schattenhaft, fuozzi nicht
zu erkennen (ich kann nicht einmal das i sehen, das St. A 8 für
sicher erklärt), slip vielleicht noch vorhanden, pe in Falte zerstört.

Die Münchner Einzelblätter 3 und 4

CXXIII.

[295, 27–34; 296, 1–13] (3a)[1]

2. Nisi quia dominus
erat in nobis[2] |
Cum[4]) exsugerent[6]) homi-
nes in nos.
3. forte uiuos | deglu-
tissent[11]) nos. |
Cum[14]) irasceretur
furor[15]) eorum in
nos | 4. forsitan aqua
absorbuisset nos |[17])
5. Torrentem[19]) pertransiuit[21])

2. uzzan daz truhtin
uuas in uns |[3])
denne[5]) arstantant man[7])
in unsih[8])
3. odouuila[9]) lebente[10]) | far-
slintant[12]) unsih[13]) |
denne arbolgan ist
heizmuoti iro in
unsih |[16]) 4. odouuila uuazzer
pisaufta unsih |[18])
5. leuuinnun[20]) duruhfuor

---

[1]) Seite 3a hat durch Flecke und Löcher und eine Falte, in der die
erste deutsche Zeile verschwunden ist, am stärksten von allen
gelitten. Ich übernehme Steinmeyers Text. Die Unterschiede sind
angegeben.

[2]) Nisi und erat in nobis lesbar.

[3]) ich kann allenfalls noch uns erkennen.

[4]) C ist verschwunden.　　　[5]) denne ist deutlich lesbar.

[6]) g durch Fleck verdeckt.　　[7]) beide Wörter zerstört.

[8]) in unsih noch erkennbar.　　[9]) ich lese noch odouu.

[10]) l durch Loch zerstört.　　[11]) ich sehe iss, sonst nur Spuren.

[12]) nt verfleckt.　　　　　[13]) sehr schwach.

[14]) C lesbar, danach Schatten.　[15]) ab furor lesbar.

[16]) die ganze Zeile nur noch in Spuren erhalten, ich kann nur erkennen . . ro in uns . . . .

[17]) die Zeile zerstört, ich lese . . iss, dann die Ligatur et, dahinter nos.

[18]) ich lese odouuila uuazz . ., sonst nichts mehr.

[19]) völlig verfleckt, auch T unleserlich, vgl. St. Text.

[20]) le und der erste Strich von u erkennbar.

[21]) trans und it nicht zu identifizieren.

anima nostra[2]) forsitan[3]) | sela[1]) unseriu odouuila[3]) |
pertransisset[4]) anima duruhfuar[4]) sela
nostra[5]) aquam[6]) into- unseriu[5]) uuazzer[7]) unfar-
lerabilem[8]) | draganlih[8]) |
6. Benedictus[9]) d*ominus*[11]) qui 6. kiuuihter[10]) truhtin[12]) der
non dedit nos in cap- nikap unsih[13]) in gefan-
tione*m*[14]) | dentibus eorum[15]) | gida | cenim iro[16]) |
7. Anima nostra sicut 7. sela unseriu. soso
passer erepta est |[17]) de sparo kecriftiu ist |[18]) fona
laqueo uenantium[19]) | seide uueidenontero[20]) |
Laqueus contritus est! seid[21]) farmulitaz ist.
et nos liberati sumus[19]) |; inti uuer erlosta pirumes[22]) |

---

[1]) sela ist verschwunden.

[2]) a von nostra durch Fleck verdeckt.

[3]) ich lese . . tan, unser . . und . . uuila, dazwischen ein Fleck.

[4]) beide Wörter verschwunden.

[5]) . . ima nostra und sela unseriu ist erhalten geblieben.

[6]) . . am vorhanden, Anfang durch Fleck zerstört.

[7]) . . azzer allenfalls lesbar, Anfang nicht mehr.

[8]) rabi und dra durch Fleck überdeckt.

[9]) s durch Loch zerstört.

[10]) die untere Hälfte der Vorsilbe und des ersten u durch Fleck verdeckt, aber ki ist sicher.

[11]) d wie s (9), s. St. S. 296 A 1.

[12]) oberer Teil von uh durch Fleck verdeckt.

[13]) ni noch erkennbar, kap nicht mehr, in die Zerstörung erster Strich
des u mit einbezogen.

[14]) von dem Wort kann ich nur noch io und einen Teil des n lesen, vgl.
St. A 2.

[15]) beide Wörter nur noch schattenhaft, d und orum lesbar.

[16]) cenim deutlich, iro durch Loch zerstört.

[17]) die ganze Zeile sehr undeutlich, st von nostra unleserlich.

[18]) im Gegensatz zum Latein sehr gut erhalten.

[19]) sehr gut lesbar.

[20]) deutsch ebenso außer erstem n von uueidenontero.

[21]) nur noch Schatten von Buchstaben.

[22]) hinter seid jeder Buchstabe gut lesbar.

<table>
<tr><td>

8. Adiutorium nostrum
in nomine domini.[3]) |
[296, 13–32] (3b)[5]
*qui f*ecit caelum et
terram |[6]

</td><td>

8. zuohelpha[1]) unseriu
in namin[2]) truhtines.[4]) |

.. *teta* himil inti
herda |[6]

</td></tr>
</table>

CXXIIII. Canticum graduum. |[7]

<table>
<tr><td>

1. Qui confidunt in[8])
d*omi*no. sicut mons
sion. | non commouebitur[12])
in aeternum | qui
habitat[15]) 2. in hieru-
salem[17]) |

</td><td>

1. dia ketruhent[9]) in
truhtine soso[10]) berac
sion[11]) | nist eruuegit[13])
in euuun[14]) | der
buit[16]) 2. in hieru-
salem[18]) |

</td></tr>
</table>

---

[1]) gerade noch zu identifizieren.

[2]) das zweite n übergeschrieben (St. A 2).

[3]) von Fleck überdeckt.　　　　[4]) von h an nur noch Spuren.

[5]) auch für S. 3b übernehme ich stellenweise Steinmeyers Text. Die Abweichungen sind angegeben.

[6]) beide Zeilen am oberen Blattrand unleserlich. Nur noch Spuren von Schrift. Die folgende Zeile ist leer.

[7]) C von Canticum sichtbar, sonst Flecke.

[8]) t und in sind zerstört, Bogen des zweiten n-Striches sichtbar.

[9]) tru unleserlich.

[10]) das erste so deutlich, das zweite s ist im oberen Teil und o ganz zerstört.

[11]) beide Wörter unleserlich.

[12]) das erste o und beide m in Falte verschwunden.

[13]) nist verfleckt und unkenntlich, eruuegit deutlich.

[14]) unleserlich.

[15]) b durch Falte zusammengeschoben, it und ein Teil von a darin verschwunden.

[16]) erster Strich von u ebenso.

[17]) em sehr verwischt.

[18]) von beiden Wörtern undeutbare Schatten.

Montes in circuitu[1]) eius.
et d*ominus*. in circuitu
populi[2]) *sui* | ex hoc
nunc et usque in
saeculum. |
3. Quia non *dimisit* uirgam
peccatorum super[7]) | sortem
iustorum[10]). ut non exten-
dant[11]) iusti. | ad iniquita-
tem manus suas |
4. *Benefac*[14]) domine bonis
et rectis corde. |

beraga umbinciric[1]) sin.
inti truhtin umbinciric
folkes sines |[3]) fona d*emo*
nu inti unzan in
uuerolt[4]) |
3. danta nifarliez[5]) kerta[6])
suntigero[8]) uber[9]) | loz
rehtero. daz nikiden-
nen[12]) rehte[12]) | ce hunreh-
te[13]) henti sino |
4. uuolatua truhtin. cuatem
inti rehtem herzin[15]) |

---

[1]) lat. in und cir, dt. ga und um außer dem letzten Strich des m in
der Falte verschwunden.

[2]) nur p am Anfang noch sichtbar, sonst Flecke.

[3]) tr von truhtin lesbar, von der übrigen Zeile undeutbare Spuren
(vgl. St. A 3).

[4]) rol undeutlich, t durch Fleck verdeckt.

[5]) ni in Falte zerstört.

[6]) k erkennbar, das übrige Wort unleserlich.

[7]) m von peccatorum und s von super durch Loch zerstört, s. St. A 4.

[8]) s. St. ebda.

[9]) unleserlich.

[10]) unleserlich bis auf m, vgl. St. A 5.

[11]) ex verfleckt und allenfalls erratbar.

[12]) undeutlich, aber noch erkennbar.

[13]) eh in der Falte gerade noch lesbar.

[14]) vom ersten e noch Spur.

[15]) von inti an sehr undeutlich, em von rehtem erkennbar, ebenso in
von herzin.

5. *Declinantes* autem in
obligationes. adducet
dominus cum | *operanti*bus
iniquitatem. pax super
isr*ahel*! |

5. *cherante* auur[1]) in
bintanne. zuakeleite[2])
truhtin[3]) | *uuurchan*tem[4])
unreht fridu[5]) uber
isr*ahel*. |

CXXVIII.

[296, 33–35; 297, 1–18] (4a)
7. et sinum suum qui
manipulos colliget |[6])
8. Et[7]) non dixerunt[8]) qui
preteribant[9]) benedictio[11])
*dom*ini | super uos
benediximus[14]) uobis[15]) in
nomine d*om*ini. |

7. inti puasum sinan der
garba samanot | [6])
8. inti niquatun die
furifuorun[10]) uuihi[12])
truhtines[13]) | uber euuuih
uuihtomes euuuih in
namin truhtines[16]) |

---

[1]) beide Wörter nur noch schattenhaft.

[2]) zua nicht mehr vorhanden.

[3]) steht über dns cum, gerade noch sichtbar.

[4]) vgl. St. A 7, cum ist nicht übersetzt.

[5]) t von unreht und die Unterlänge von f sind abgerieben, i ist sehr
schwach.

[6]) der lat. Text der Seite 4a ist durch Stockflecke unleserlich geworden, das Deutsche ist aufgefaltet. Man sieht Spuren von Schrift
und kann Steinmeyers Text etwa noch identifizieren. Vgl. St. A 9.

[7]) s. St. S. 297 A 1.

[8]) d und nt noch lesbar, sonst durch Flecke überdeckt.

[9]) sehr undeutlich, an zerstört.

[10]) fur*i* und *ru*n bis zur Unkenntlichkeit verblaßt.

[11]) ich erkenne nur noch b, die beiden e und io.

[12]) unleserlich.

[13]) das erste t und s sind am Rande verschwunden (St. A 1).

[14]) ximus verblaßt.   [15]) auf u sitzt ein Fleck.

[16]) von m an nichts mehr lesbar.

Canticum Graduum[1]). CXXVIIII.

1. De profundis clamaui ad te domine! | 2. domine exaudi uocem meam. | Fiant aures tuae intendentes in uocem | deprecationis[5]) meae. | 3. Si iniquitates obseruabis domine. domine qui sustinebit; | 4. Quia apud te propitiatio[9]) est! propter legem | tuam sustinui te domine; | Sustinuit anima mea in uerbo eius! | 5. sperauit anima mea in domino; |

1. fona tiuffem hereta ce dih truhtin[2]) | 2. truhtin[3]) kehori stimma mina | sin orun diniu anauuartontiu in stimma[4]) | des kebetes mines | 3. ubi unreht haltis truhtin. truhtin uuer[6]) kestat[7]) imo[8]) | 4. danta mit tih kenada ist. duruh uuizzud[10]) | tinan fardolata[11]) dih truhtin | fardolata sela miniu[12]) in uuorte sinemo[13]) | 5. uuanta sela[14]) miniu[15]) in truhtine. |

---

[1]) Ca und Grad noch sichtbar.   [2]) trihtin Hs. (St. A 3).

[3]) statt tr ein Fleck, u ist sichtbar, von h nur Längsstrich, sonst nicht erkennbar bis auf einen kleinen Bogen von n.

[4]) mm sehr undeutlich, a sehe ich gar nicht mehr.

[5]) deprꝫcationis Baes Abr. S. 11 A 2. Ich bleibe bei Steinmeyers e. Der Haken der Hs. unter e ist nur schwach und wohl Kritzelei.

[6]) e sehr undeutlich.

[7]) Vorsilbe ke unleserlich, k durch schwarzen Rand zerstört, der sich über die ganze Seite hinunterzieht.

[8]) i und der erste Strich des m mit Bogen erhalten. St. ergänzt zu imo, Schmeller zu im, vgl. St. A 5.

[9]) pi durch Fleck überdeckt.

[10]) das erste und letzte u und vor allem d lesbar, die Mitte sehr verwischt.   [11]) t wie pi von propitiatio.

[12]) m verblaßt, gerade noch erratbar.

[13]) s deutlich, das übrige Wort nur noch schattenhaft.

[14]) der Bogen des e durch Fleck zerstört, a sehr schwach.

[15]) undeutlich und verwischt, gerade noch zu identifizieren.

[297, 19–30; 298, 1–6] (4b)[1]

6. *A cus*todia[2]) matutina[4])
usque[5]) ad noctem[6]) |
speret israhel in *domi*-
no.|

6 :· *k*ihaltidu[3]) morganlihera
uncin ce naht |[7])
uuane isr*ah*el in truhtine |[8])
tine |[8])

7. Quia apud d*ominum*
misericordia! et[12]) copiosa |
apud eum redemptio! |

7. danta[9]) mit truhtinan[10])
kenada[11]) inti kenuhtsamiu[13])|
mit inan erlosida[14]) |

8. Et[15]) ipse redimet
israhel! ex omnibus
iniquitatibus | eius;

8. inti her erlosit[16])
israhelan fona[17]) allen
unrehtun[18]) | sinen |

CXXX. Canticu*m* Graduum. |[19])

1. D*omi*ne. non est exalta-
tum cor meum ! |

1. truhtin. nist erhaba-
naz herza minaz |

---

[1]) ein Lichtdruck der Seite Baes. Abr. Tafel VII.

[2]) t angeschnitten.   [3]) *p*ihaltidu Schmeller, s. St. A 7.

[4]) das zweite a oben durchlöchert.

[5]) dasselbe Loch hat us zerstört (St. A 5).

[6]) beide Wörter undeutlich, em verfleckt.

[7]) von dieser ersten Zeile ist nichts mehr lesbar, durch Falte zerstört.

[8]) von uuane Oberlängen des ersten u und n sichtbar, zweites u und e
schattenhaft, isrl gerade noch erkennbar, ebenso in, truhtine nicht
mehr.

[9]) d verwischt.   [10]) tr lesbar, vom übrigen Wort Spuren.

[11]) ken mühsam zu identifizieren, ebenso letzter Strich des a.

[12]) et durchlöchert (St. A 6).

[13]) von inti, vom Längsstrich des k und h Spuren, am Schluß des Wortes kann ich i und allenfalls den ersten Strich des u sehen.

[14]) mit deutlich, danach Spuren der Unterlängen, von erlosida erkenne
ich Anfang des e, l, i, eine Spur von a.

[15]) E halb abgeschnitten.   [16]) Vorsilbe undeutlich.

[17]) Schaft des f und Endstrich a erkennbar, on Schatten.

[18]) von h an unsicher, vgl. St. A 9.

[19]) der Psalmentitel steht auf der gleichen Zeile wie eius. Vor den an-
deren Titeln blieb eine Zeile leer, vgl. St. S. 298; zu diesem Psalter-
bruchstück vgl. Beitr. 83, S. 285 ff.

92

<table>
<tr><td>Neque elati sunt</td><td>noh ni erkeilidiu sint</td></tr>
<tr><td>oculi mei; |</td><td>ougun miniu |</td></tr>
<tr><td>Neque[1]) ambulaui in</td><td>noh ni kienc[2]) in</td></tr>
<tr><td>magnis. Neque in</td><td>mihilem. noh in</td></tr>
<tr><td>mirabilib*us*[3]) | super me. |</td><td>uuunteron | uber mih |</td></tr>
<tr><td>2. *Si*[4]) non h*u*militer[6])</td><td>2. ubi ni in[5]) deohmuati[7])</td></tr>
<tr><td>sentiebam! sed exaltaui |</td><td>farstuanti. uzzan[8]) arhuobi[8]) |</td></tr>
<tr><td>*animam*[9]) meam; |</td><td>. . . mina |</td></tr>
<tr><td>*Sicut ablactatum*[10])</td><td>. . . *intspenitaz*[11])</td></tr>
<tr><td>super matre sua! |</td><td>uber[12]) muoter[13]) sinero |</td></tr>
</table>

---

[1]) N halb abgeschnitten.

[2]) nikienc St., hinter ni ist ein Raum Hs.

[3]) mirabilib; Hs.

[4]) Si St., s. S. 298 A 1, i nur obere Hälfte erhalten.

[5]) die drei Wörter sind unsicher, s. A 1.

[6]) von h Rest (St. A 2).

[7]) eo undeutlich durch den Fleck, der auch u von h*u*militer verdeckt, i von St. ergänzt, es ist kein Raum mehr dafür hinter dem gestürzten t, s. St. A 2.

[8]) undeutlich, aber noch lesbar.

[9]) von m nur noch der letzte Strich sichtbar (St. A 3).

[10]) von c kleiner Rest.

[11]) *intuuenitaz* St., s. A 3. Der erhaltene Rest vor e weist eher auf ein p hin als auf den letzten Strich eines u. Vgl. dazu Baes., Beitr. 69, S. 403 und die Psalmenstelle in der Benediktinerregel auf S. 39 des Cod. Sang. 916, ATB 50, S. 27.

[12]) sehr schwach, von r kann ich nur noch den Haken sehen.

[13]) m fast unleserlich.

GLOSSARE
ZU DEN DREI REICHENAUER DENKMÄLERN
Luc H Ps
I. Althochdeutsches Glossar
A.

abah Adj. — böse; pravus
  abahiu (a.pl.n.) — prava — H V 4

âband st. M. — Abend; vesper
  za hâbande — ad vesperum — H XVIII 1
  âband — vesperum — H XXI 3

âbandstërn st. M. — Abendstern; vesper
  hâbandstërre — vespero — H XIV 2

apanstîg Adj. — mißgünstig; invidus
  apanstîgamu (d.sg.) — invidi (g.) — H III 4
  abanstîgan — invidum — H XXIII 4

abanstôn sw. V. — beneiden; invidere
  apastôhêm — invideamus
        H. VIII 5 (vgl. katarôn)

adallîcho Adv. — edel; nobile (abl.) — H XIX 3

Adam — Adam
  adaman (a.) — adam — H XXIV 2

after Präp. mit Dat. und Konj. — nach, gemäß, nachdem; post, secundum, postquam Luc 732, 59; 733, 14; 36; 734, 17; 32; 735, 59; 736, 16; 45 — H VIII 1 XXI 1

after diu s. diu

aftermorganlîh Adj. — postmatutinus
  aftermorganlîchêm lopum — postmatutinis laudibus — H IX 1

ahto Num. — acht
  hatouui — VIII — Luc 732, 62

ahtozo Num. — achtzigster
  hahtozo feoriu — LXXXIIII — Luc 735, 39
ainluze s. ein-
âchust st. F. — Laster; vitium
  âchusti (a.pl.) — vitia — H XX 5
al Adj. — all, ganz; omnis, totus, cunctus, universus
Luc 729, 1; 5; 11; 13; 730, 11; 20; 732, 34; 43; 54; 734, 43; 735, 58; 736, 55 H II 5; 6 III 8; 8; 8 IV 1; 6 VI 2; 2; 3 VII 2; 4; 5 VIII 2; 6; 10 XI 3 XII 3 XVII 2 XX 5; 7; 7; 8; 8 XXI 7; 7 XXIV 1; 8; 15 XXVI 2; 2 Ps 294, 16; 27; 297, 26

aldo s. catalinga
allîh Adj. — catholicus
  allîcha — catholicam — H VII 2
almahtîg Adj. — allmächtig; omnipotens
  almahtigo (n.sg.m.) — omnipotens — H VI 5
alt Adj. — alt; veternus
  altiu (n.sg.f.) — veterna — H VIII 3
altar st.N.s. eonaltre, neonaltre
altâri st. M. — Altar; ara
  in altâre — in ara — H XXI 2
amazzîgo Adv. — fleißig, emsig; iugiter, sedule[1]
H VIII 10 IX 2
âna Präp. mit Acc. — ohne; sine — H XXVI 13

---

[1] sedulo Siev. Index deutsch und lateinisch, sedule Text.

ana(h)lauft st. M.	Angriff; impetus	
analaufte	inpetu	H XXI 7
anasëdal st. N.[1])	Thron; thronus	
anasëdale	throno	H VI 4
anasidili st. N.	Thron; thronus	
anasidili	thronus	H VI 6
anasidili (g.)	throni	H VII 7
anasiuni st. N.	Angesicht; facies	
fora anasiune	ante faciem	Luc 734, 42
kaanazzen sw. V.	anstacheln; incitare	
kaanazze	incitet	H IV 5
angil s. engil		
ango sw. M.	Stachel; aculeus	
angin (d.)	aculeo (abl.)	H XXVI 7
angul st. M.	Angelhaken; hamus	
angul	amum	H XX 7
angustlîh Adj.	angstvoll; anxius	
angustlîchera (forahta)	anxii (timor)	H XV 4
anst st. F.	Gnade; gratia	
anst	gratia	Luc 736, 6
hensti	gratie (g.)	H III 3
anst	gratiam	H III 4
ensti (d.)	gratia (abl.)	H VIII 1 XIV 4
		XXII 5
ast	gratiam	H X 1 XII 3 XX 6
antfanc st. M.	Aufnahme; susceptio	Ps 293, 8
antheizza sw. F. (?)	Gelübde; votum	
hantheizzôm	votis	H III 3
antheizûn sim- blîgan (a.sg.m.)	votum perenni	H XXIII 3

---

[1]) stn. mit Fragezeichen Siev.

antlâz st. M.	Erlaß; remissio	
in antlâz	in remissionem	Luc 729, 49
antlâzzida st. F.	Vergebung; indulgentia	
antlâzida	indulgentiam	H XXIV 6
antlutti st. N.	Antlitz; vultus	
antlutti	vultum	H XXIV 2
antluzzi st. N.	Blick, Angesicht; vultus, facies	
antluzzi	vultus	H V 3
antluzzi	faciem	H XIX 8
antreitî sw. F.	Ordnung; ordo	
hantreitî	ordine, ordinem	H XI 3 XIV 2
antreitida st. F.	Ordnung; ordo	
antreitida	ordinem	H XI 1
antrîhida st. F.	Enthüllung, Erleuchtung; revelatio	
ze antrîhidu	ad revelationem	Luc 734, 46
antwurti st. N.	Antwort; responsum	
antuurti	respunsum	Luc 733, 61
antuurtim	respunsis	Luc 737, 1
arawingûn Adv.	vergebens; gratis	
arauuingûn	gratis	Ps 294, 8
arbeit, arabeit st. F.	Arbeit, Mühe; labor, tribulatio	
harbeiti	labores (a.)	H XIV 3
arabeiti	tribulatione	Ps 293, 22
arabeit	tribulationem	Ps 295, 13
archangil st. M.	Erzengel; archangelus	
archangilo	archangelorum	H VII 5
arm st. M.	Arm; brachium	
arme	brachio	H II 1
Aron	Aron	
arones	aaron	Ps 294, 15

arwûn	vergeblich; frustra	
aruûn	frustra	H I 9
Aser	Asser	
aseres	aser	Luc 735, 26
âtum st. M.	Geist; spiritus	
âtume	spiritu	Luc 729, 28
âtum	spiritus	Luc 733, 58
fona âtume	ab spiritu	Luc 733, 63
in âtume	in spiritu	Luc 734, 8
âtume	sp*iritu*i	H I 2 XI 2
âtume (d.)	sp*iritu* (abl.)	H II 8 IV 6 VI 7
		VIII 10 IX 3 XII 1 XIII 3
		XXIV 16 XXV a
âtumes	sp*iritus*	H III 2; 6 VI 2 XXII 7
âtu*m*	sp*iritus*	H V 4
mit âtumu (instr.)	cum sp*iritu*	H XIX 12
âtum	sp*iritum*	H XXIII 4 XXVI 5
auga sw. N.	Auge; oculus	
augun	oculi	Luc 734, 38
oucun	oculi	H XVI 4
ougun	oculos	Ps 295, 25
ougun	oculi	Ps 297, 30
augen, keaugen sw. V.	zeigen; ostendere	
keaucta	ostendit	Luc 732, 19
kaauctêm uuntôn	ostensa vulnera	H XIX 10
keaugida st. F.	Darstellung; ostensio	
tac dëra[1]) ke-augida	diem ostensionis	Luc 730, 5

---

[1]) *sin*ura oder dëra St., s. Text mit Anm.

auh, ouh Konj. — auch; quoque — H I 2; 11 XXVI 5
zuoauhhan st. V. — hinzufügen; adicere
  zuo auhhe — adiciat — Ps 294, 19
auchôn sw. V. — hinzufügen; addere
  za auchônne — addendis — H VIII 9
auar, auur, auuar — wieder, zurück; re- — Luc 736, 42
  — — H IV 3 V 3 X 2 XXV 6
avur Konj. — aber, wiederum, also; vero, rursus, ergo, autem — H I 6; 9 IV 3 IX 1 X 3
  — — XVIII 2 XXV 5 XXVI 9
  — — Ps 294, 25; 296, 29

az Präp. in verbaler Komposition s. bei qhuëman, stantan, uuësan

B. P.

pâga st. F. — Streit; rixa — H IV 5
palo st. N. — Böses, Unrecht
  dës palouues uuarc — tyrannum — H XXI 6
pant st. N. — Fessel; vinculum
  pentir (a. pl.) — vincla — H I 12
  pante — vinculo — H XXI 6
  pantirun — vinculis — H XXIV 6
barn st. N. — Sohn; filius[1] — Ps 294, 25
parno sw. M. — Krippe; praesepium
  in parnin — in praesepium — Luc 730, 55
  in parnin — in praesepio Luc 731, 51; 732, 27
pauchan st. N. — Zeichen; typus — H II 4
pauchanen sw. V. — ein Zeichen geben; adnuere
  pauchini (imper.) — annue — H VIII 4

---

[1]) filiis Hs.

Bedhlem	bethelm	
unzi in bedhlem	usque in bethelm	Luc 732, 12
peiten sw. V.	antreiben; urgere	
peittentemu	urguente	H XIV 2
peitôn sw. V.	erwarten; expectare	
peitônti	expectans	Luc 733, 55
peitôtôn	exspectabant	Luc 735, 54
arbëlgan st. V.	in Zorn geraten; irasci	
arbolgan ist	irasceretur	Ps 295, 32
kapeotan st. V.	gebieten; iubere	
kabeote	iubeat	H XVII 1
përaht Adj.	glänzend; fulgidus	
in.. përahtemu fleisge	in.. fulgida carne	H XIX 10
përhtî, përehtî sw. F.	Klarheit; claritas	Luc 731, 16
përan st. V.	gebären; parere, Part.: natus, editus	
pâri	pareret	Luc 730, 45
par	peperit	Luc 730, 46
êrist poranaz	primogenitum	Luc 730, 49
keporanêr	natus	Luc 731, 36
kaporan[1])	editus	H VII 3
keporan[2])	editum	H XXIV 5
itpëran st. V.	wiedergebären; renasci	
itporan uuirdit	renascitur	H V 2
përeg st. M.	Berg; mons	
bëraga	montes	Ps 296, 20

---

[1]) fehlt Siev. Index S. 63, ko ron Hs., s. Text mit Anm.
[2]) keporanan Siev. Index S. 63, s. Text mit Anm.

përgâri st. M.	Bergbewohner montanus	
peracara, pergara (a. pl.)	montana[1])	Luc 729, 6
përhtî s. *përahtî		
kebët st. N.	Gebet; oratio, deprecatio	
dës kebëtes	orationis	Ps 295, 6
dës kebëtes	deprecationis[2])	Ps 297, 10
përôn sw. V.	beten; orare	
pëtônte (n. pl.)	orantes	H VII 2
pëtôntêm	orantibus	H VIII 4
pëtôêm	oremus	H IX 2
za pëtônne	ad orandum	H XII 1
za pëtônne	orandum	H XVII 1
zuapëtôn sw. V.	anbeten; adorare	
zuapëtônt	adorant	H VII 6
pi Präp. mit Dat.	um, für, bei, anstelle, neben;	
und Acc.	circa, de, pro, iuxta	
pi im	*circa* illos *iuxta*	Luc 731, 15
pi uuorte	de verbo	Luc 732, 30
pi[3]) dei	de his	Luc 732, 38
pi inan	pro eo	Luc 734, 20
pi unsihc	pro nobis	H VI 4
pi guotôn	pro bonis	Ps 294, 13
pipên sw. V.	beben; tremere	
pipêta	tremuit	H XXIV 8
pidiu s. diu		
pilidi st. N.	Gestalt; forma	
pilidi	forma*m*	H XXIV 3
pintan st. V.	binden; ligare, Gerund.: obligatio	
pinte	liget	H XX 7
kipuntane	ligati	H XXIV 6
in bintanne	in obligationes	Ps 296, 29/30

---

[1]) „Die Glosse nennt statt der Landschaft deren Bewohner" Ahd.
Wb. 1, 910.

[2]) s. Baes. Abr. S. 11 A 2.

[3]) *umb*i dei St., s. Text mit Anm.

kapintan st. V.	fesseln, losbinden; vincire, re- ligare, trudere	
kabuntane	vincti	H I 11
kapinte	religet	H III 3
kapinte	vinxerit	H XV 5
kapintanti	trudens	H XXI 6
in-, intpintan st. V.	entbinden, losbinden, lösen; solvere	
inpuntan uurtun	soluti sunt	H I 11
intpint	solve	H I 12
intpunti	solvisti	H VII 1
intpant	solvit	H XIX 2
intpinte	solvat	H XX 2
intpintit	solvit	H XXV 3
intpuntan	solvi*tur*	H XXV 6
inpu*n*tan uuirdit	solvi*tur*	H XXV 7
pirnan sw. V.	trösten, Part. der Tröster; paracli- tus	
mit âtumu pir- nantin	cum sp*iri*tu paraclito	H XIX 12
piswart (piswarti, -î) F.	oratio, obsecratio (Glossator)	
piswartim (-îm?)	bsecra orationibus	Luc 735, 44
pittan st. V.	bitten, fordern; quaerere, rogare, poscere, deprecare, precari, orare, Part. bittflehend; supplex	
pittamês	q*uesumu*s H II 6 XXI 7 XXII 8	
pitamês	rogamus	H II 6
pittente	supplices	H II 10
pittamês	quesum*us*	H IV 4
pittemês	poscim*us*	H VII 2

pittamês	deprecamur	H VII 12
pittamês	precamur	H VIII 4
pittêm	precemur	H X 3
pittê*m*	poscam*us*	H XI 1
pittamês	rogamus	H XIV 1
pittente	precantes	H XIV 3
pittemês	precamur	H XV 2 XVI 2
za pittanne	dep*r*ecandus	H XVII 1
pittemês	q*ue*sum*us*	H XXII 8 XXIV 16
pittante	p*r*ecantes	H XXII 8
pittêm	orem*us*	H XXIII 3
pittêm	rogem*us*	H XXIII 4
p*itte*mês	q*ue*sum*us*	H XXVI 9
piugan st. V.	biegen; flectere	
piugamês	flectimus	H II 6
piugemês	flectim*us*	H XXIII 2
plâst st. M.	Hauch; flatus	
plâstim	flatibus	H II 2
pleichên sw. V.	bleich sein; pallēre	
pleichênti	pallens	H IV 2
anaplesten sw. V.	überfallen; inruere	
anapleste	inruat	H XVI 3
plint Adj.	blind; caecus	
plinta	ceca*m*	H IV 3
plinte	cecos	H XX 2
pliuwan st. V.	schlagen; tundere	
pliuamês	tundimus	H XVIII 2
kaganpliuwan st. V.	gegen etwas schlagen, kämpfen; obtundere	
kaganpliuuanti	obtundens	H IV 2

widarpliuwan st. V.	abstumpfen; retundere	
uuidarpliuue	retundet	H III 4
pluat st. N.	Blut; sanguis	
pluates	sanguinis	H I 4
pluate	sanguine	H I 5
pluate	sanguine	H I 6 VII 10
		XVI 5 XXIV 10 XXVI 9
pluat	sanguis	H XX 1 XXII 5
pluat	sanguine*m*	H XXIV 7
kapot st. N.	Befehl, Gebot; iussum, imperium	
ka*p*ote	iusso	H VII 4
kapote	imperio	H XXI 3
poto sw. M.	Engel, Apostel; angelus, apostolus	
poto	angelus	H I 3; 4
poto	apostolus	H IX 2
in potôm	in apostolis	H XI 2
potôm	apostolis	H XIII 3
potun (n. pl.)	apostoli	H XIX 5; 9
potôn	apostolis	H XIX 7
potôno	ap*ostol*or*um*	H XXVI 4
prëchan st. V.	zerbrechen; confringere	
kaprochanêm	confractis	H XIX 2
arprëchan st. V.	zerbrechen; frangere	
arprochan sint	fracta sunt	H XXI 5
pringan st. V.	darbringen; ferre	
pringante	ferentes	H XXII 1
anapringan st. V.	bringen (den Tod); inferre	
anaprâhta	intulit	H I 3

avur pringan st. V.	wieder-, zurückbringen; referre, reducere	
‚auur prunganêr	relatus	H V 3
auur prâhta	reduxis	H X 2
frampringan st. V.	hervorbringen; proferre	
fram pringantêr	proferens	H III 1
prôt st. N.	Brot; panis	
prôt	panem	H II 9
kaprûchen sw. V.	glücklich machen; secundare	
kaprûche	secundet	H III 4
prûchi Adj.	glücklich; prosper	
leoht prûchaz	lucem prosperam	H XIV 4
prunno sw. M.	Quelle; fons	H III 1 VI 2
prust st. F.	Brust; pectus	
prusti (a. pl.)	pectora	H V 3 XVIII 2
prusti (d.)	pectore	H XI 1 XII 3 XIII 2
prustio	pectorum	H XXIV 14
prûtigomo sw. M.	Bräutigam; sponsus	H I 7
bûan sw. V.	wohnen; habitare	
bûit	habitat	Ps 296, 18
puasum st. M.	Busen, Bausch des Gewandes; sinus	
puasum	sinum	Ps 296, 34
kapûid st. N.	Wohnung; habitaculum	H XI 2
kapuluht st. F.	Zorn; ira	
kapuluht	iram	H IV 5
kapuluht	ira	H VIII 6
puruc st. F.	Stadt; civitas	
*pu*ruc	civitatem	Luc 730, 26
*pu*riki	civitate	Luc 731, 43
*pu*ruc	civitatem	Luc 736, 1
in buruc	in civitatem	Ps 293, 15

kepûro sw. M.	Nachbar; vicinus	
kepûrun	vicinus (-os Vulg.)	Luc 729, 2
erpurren sw. V.	aufheben, mildern; adlevare	
erpurrês	adleves	H XXV 1
ûfpurren sw. V.	in die Höhe heben; sustollere[1])	
ûf purrenti	sustollens	H II 2
kapurt st. F.	Wesenheit, Natur; substantia, natura	
capurti (g.)	substantie	H I 2
kapurt (n.)	natura	H IV 1
puruc s. *purc		

D.

danch st. M.	Dank; grates (Pl.)	
danchâ (a. pl.)	grates	H IV 3
kedanch st. M.	Gedanke; cogitatio	
ke*danch*â	cogetationes	Luc 735, 20
danta Konj.	weil; quia	
danta[2])	quia	Luc 729, 32; 730, 57; 734, 36
danta	quia	H XII 2 XIX 4 Ps 294, 3; 295, 7; 22; 24; 296, 23; 297, 13; 22
thanta	quia	H XXIV 13
dâr Adv.	ibi	Luc 730, 40
uuir dâr	(nos) qui[3])	H XXIV 6
dare Adv.	ebenda; ibidem	H I 4

---

[1]) attolere Siev. Index S. 64 (Druckfehler), sustollere S. 104.
[2]) *hwan*ta Ergänzung St.
[3]) s. auch dër Relativum wie Siev. Index S. 64.

Dauid	**David**	
dauides	dauid	Luc 730, 26
dauides (g.)	dauid	H VII 9
daz, thaz Konj.	daß, damit, weil, (und); ut, quia, quod, et	
	quia Luc 731, 35; 733, 24; 737, 24	
		Ps 295, 27
	ut Luc 730, 21; 732, 63; 733, 19;	
	33; 734, 15 H I 10; 13 VIII 2	
	X 3 XI 2 XIV 4 XV 1; 2	
	XVII 1; 2 XIX 11 XX 5; 6	
	XXII 8 XXIII 4 XXIV 4; 11;	
		16 XXV 1 Ps 296, 25
	quod	Luc 730, 28; 737, 21
		H II 3 IV 3
	et	H XXIV 4
dëgan st. M.	Soldat; miles	
untar dëgane	sub milite	H XIX 3
kidëht Adj.	hingegeben, ergeben; devotus	
kidëht	devota	H XXII 6
kedëhtamu (muat)	devota (mens) H	H XXIV 5
dechen sw. V.	verdecken; tegere	
dechit	tegit	H II 2
deche	tegat	H IX 3
pidechen sw. V.	decken, behüten; tegere	
pidahti	tecti	H XIV 4
intdechen sw. V.	aufdecken, erhellen; detegere	
intdechis	detegis	H XVI 1
dëmar st. N.	Dämmerung; crepusculum	
dhëmar (a.)	crepusculum	H III 7
denen, ka-, ki- sw. V.	ausstrecken, dehnen; distendere, extendere	

kadenne[1])	distendat	H XVIII 4
kidennu	extendam	Ps 293, 12
nikidennên	non extendant	Ps 296, 25
denchen sw. V.	denken; cogitare	
denchêm	cogitemus	H VIII 5
denne, thenne,	während, als, da, dann; dum, cum,	
denne, den*ne* Konj. Adv.	tunc	
	dum, du*m* Luc 730, 39 H V 5	
	XIV 1 XIX 7	
	cum, cu*m* Luc 734, 10; 736, 10;	
	21 H XV 5 XIX 2; 9 XX 8	
	XXI 6 Ps 295, 29; 32	
	tunc H I 8 XXIV 8	
êr denne	priusquam	Luc 733, 7
unzi den*ne*	dum	H XV 2
deodraft Adj.	demütig; humilis, subditus	
deodrafte (a. pl. m.)	humiles	H VI 6
deodrafte (n.)	subditi	H X 3
deomuoten (Pass.) sw. V.	demütig werden, sich verdemü-	
	tigen; humiliare (Pass.)	
kediomuotêr pim	humiliatus sum	Ps 295, 19/20
deomuatî sw. F.	Demut	
in[2]) deohmuatî[3])	h*u*militer	Ps 298, 3
deonôn sw. V.	dienen; servire	
deonônti	serviens	Luc 735, 46
deota st. F.	Volk; gens	
dcotôno	gentium	Luc 734, 48

---

[1]) kadenni Siev. Text, kadenne Index S. 64.

[2]) in unsicher St.

[3]) s. St. Anm., Baes. Beitr. 69, S. 403, Daab Beitr. 83, S. 286 und 292 f.

dër, diu, daz Art., Relat., Demonstr.	Luc H Ps
derpi Adj.	ungesäuert; azymus ($\check{\alpha}\zeta\nu\mu o\varsigma$)
derpaz (lûtrî)	azima (sinceritas) H XXI 4
dësêr, dësiu, diz Pron.	Luc H
kadigan Adj. Part.	keusch; castus
kadiganemu lî- chamin, -h-	casto corpore H II 8[1]) III 5
cadiganemu..lihamin	casto..corpore H IV 6
cadigano prusti	casta pectora H XVIII 2
kadiganî sw. F.	Scham, Keuschheit; pudor[2]), castitas H III 7 VIII 8
dîn Pron.	dein; tuus Luc 734, 34; 39; 50; 735, 12; 737, 12 H II 7; 7; 7; 8 IV 3 V 3 VII 2; 4; 8; 10 VIII 4; 7 XIV 1; 3; 4 XVI 4; 5 XXI 7 XXIV 2; 7; 10 XXVI 3; 5; 9; 10; 11; 11; 12; 15 Ps 293, 1; 295, 22; 297, 9; 14
disco sw. M.	Schüler; discipulus
discon (n. pl.)	discipuli H XIX 8
after diu Konj.	nachdem; postquam Luc 732, 59
pidiu Instr. zu dër	deshalb, da ja, nachdem; eo, postquam, quoniam Luc 730, 28; 732, 59 Ps 295, 5
diub st. M.	Dieb; latro
diubes	latronis H XX 2
thiupes	latronis H XXV 6
dô Konj. Adv.	da, dann; cum, tunc H I 3; 4

---

[1]) fälschlich II 18 Siev. Index S. 65.
[2]) podor Hs.

fardolên sw. V.	aushalten; sustinere	
fardolata	sustinui	Ps 297, 14
fardolata	sustinuit	Ps 297, 16
donarôn sw. V.	ertönen; intonare	
donarôt	intonat	H XIX 1
drî Num.	drei; tres	
after drim tagum	post triduum[1])	Luc 736, 45
driror Adv.	dreimal; ter	H XVIII 1
drisgi Adj.	dreifach, Pl.: je drei; terni, trinus	
drisgi (namo)	trinum (nomen)	H VI 3
drisgera crefti	trine virtutis	H XI 1
drisca ruaua	trinum numerum	H XIII 1
drisgêm	ternis	H XIII 1
dritto Num.	der dritte; tertius	
stunta drittûn	hora tertia	H X 2
stunta..dritta	hora..tertia	H XI 1
driunissa st. F.	Dreieinigkeit; trinitas	
driunissa	trinitas	H I 2 II 5
dëru driunissu	trinitati	H IX 1
driunissa (voc.)	trinitas	H X 4
dëra thriunissa	trinitatis	H XXIII 1
drûunga st. F.	Passion; passio	
dëra drûunga	passionis	H X 2
du Pron. (auch Relat.	du; tu Luc 737, 14 H I 6; 12; 12; 13	
Ps 293, 18)	II 1; 6; 6; 7; 9; 10 IV 4 V 1 VI 1;	
	2; 2; 3; 4; 4; 5; 5; 6; 6; 6 VII	
	2; 3; 4; 5; 5; 6; 7; 9; 10;	
	10; 11; 12 VIII 3 X 4 XIV 3	
	XV 2 XVI 1; 2; 3; 4; 4; 6 XIX	
	11; 11 XXII 8 XXIV 3; 9; 10;	
	12; 13; 14; 14; 15; 15; 16	
	XXV 8; 8; 8 XXVa XXVI 1;	
	1; 1; 2; 2; 2; 4; 4; 4; 5; 6; 6; 6;	
	7; 8; 9; 12; 15; 16 Ps 293, 18;	

---

[1]) dies tres durch Punkte getilgt.

	18; 294, 16; 295, 9; 23; 297, 6; 13; 15	
kadûhen sw. V.	zurückdrängen; reprimere	
kadhûi	reprime	H XVI 5
dulten sw. V.	leiden, erdulden; pati, ferre	
dulten	pati	H VI 4
dultenti	ferens	H X 2
duruh Präp. mit Acc.	durch, wegen; per, propter Luc 729, 50	
	H VI 2; 3; 3 VII 2 VIII 2 X 1 XVII 3 XVIII 4 XXI 5 XXII 5 XXIV 4; 5; 6; 7; 9; 11 XXVI 5; 12 Ps 297, 14	
duruhheitar Adj.	strahlend; praeclarus	
duruhheitareru zesauûn	praeclara dextera (abl.)	H II 1
duruhnoht Adj.	vollkommen, vollendet; perfectus	
duruh nohtiu (n.sg.f.)	perfecta	H I 2
duruhnoht ruaua	perfectum numerum	H XIII 1
thurahnohtiu (n.sg.f.)[1]	perfecta	H XXII 6
duruhwachar Adj.	wachsam, „Wächter"; pervigil	
thurahuuachar	pervigil	H XXV 2

E.

ëpanlîh Adj.	gleich; aequalis	
ëpanlîchiu	equalis	H X 4
ëbano Adv.	con-	
ëbano ketraganti	conferens	Luc 732, 45
egislîh Adj.	schrecklich; horridus	
egislîhera (g.sg.f.)	horride	H XV 2

---

[1] nsn. mit Fragezeichen Siev. Index S. 66.

egiso sw. M.	Schrecken; terror, horror	
egison	terrorem	H I 3
egiso	horror	H XV 4
egisin	terrore	H XXII 3
Egypt	Ägypten; Egyptus	
egypte	egypto	H I 3
egypt	egyptus	H I 5
êht st. F.	Reichtum, Besitz; ops, praedium	
êhteo	opu*m*	H IV 5
hêhtim	prediis	H VIII 9
eid st. M.	Eid	
rëhtan eid	iusiurandum	Luc 729, 43
eigan anom. V.	haben; habere	
eigun	habent	H I 9 XIII 3[1])
ein Pron., Num.	ein, allein; unus, solus	
dëra einûn capurti	unius substantiae	H I 2
eino, *ei*no	solus	H I 5 XXIV 14
ein (n. sg. n.)	unu*m*	H II 5 VI 3
in ein	in unum	H II 5
eineru stimnu	una voce	H VII 12
einemu..sange	uno..carmine	H VII 12
einu (n. sg. f.)	una	H X 4
einin	soli	H XIX 12
einûn	sola*m*	H XX 8
einag Adj.	einzig; unicus	
einagu*n*	unicum	H XXVI 5
einporan Part.	eingeboren; unigenitus	
einporano (n. sg. m.)	unigenitus	H VII 3

---

[1]) fälschlich 15, 3,3 Siev. Index S. 66.

eingil s. engil		
einîg Adj.	irgend ein; ullus	
einîga (naht)	ullam (nox)	H IV 1
einluzzi Adj.	einzeln; singulus	
ainluze	singuli	Luc 730, 23
einluze	singulos	H XXVI 12
eitar st. N.	Gift; venenum	
heitar (a. pl.)	venena	H III 5
elidiota st. F.[1])	anderes Volk	
helidiota (n. pl.)	alienigenae	Ps 293, 13
elilentôn sw. V.	verbannen; captivare	
elilentôe	captivet	H VIII 4
caelitentôt	captivata	H XXI 5
elinpogo sw. M.	Ellenbogen	
in elinpogun	in manus ulnas suas	
sîno (a. pl. f.)		Luc 734, 17
emazzîg Adj.	ununterbrochen, emsig; perpes	
emazzîgemu	perpeti	H III 2
emazzîges (leoht)	perpete (lux)	H IV 1
emazzîgeru	perpeti	H VIII 7
emazzigeru	perpeti	H VIII 8 IX 4
endin st. N.[2])	Stirn; frons	
endinum	frontibus	H XXIV 9
engil st. M.	Engel; angelus	

---

[1]) gleich as. elithioda F.

[2]) endin st. N. mit Fragezeichen Siev. Index S. 67; ohne Zweifel Schatz § 320, Braune[8] § 196 A 3.

angil	angelus	Luc 731, 12; 25
mitangele	cum angelo	Luc 731, 54
fona angele	ab angelo	Luc 733, 6
angilâ	angeli	H VII 5
duruh angilo	per angelos	H XVII 3
eingil	angelus	H XIX 4
angil	angelus	H XIX 6
engilâ	angeli	H XX 4
fona..engile	a..angelo	H XXI 3
*angi*lâ	angeli	H XXVI 2
enteôn sw. V.	beenden; consummare, (perficere)	
keenteôte *uuâ*run	consummati sunt	Luc 732, 59
keenteôtêm tagum	consummatisque diebus[1])	
		Luc 736, 19
enti[2])	Ende; finis	
enti	fine*m*	H XXIV 15
enti Konj.	und; et, -que	Luc 735, 47; 736,
	19; 737, 1 (s. inti H Ps)	
entrisk Adj.	alt; antiquus	
hentriskes	antiqui	H XXIV 9
eocalîh Pron.	all, ganz, jeder; omnis	
eogalîcha (slëffarî)	omne (lubricum)	H V 4
eocalîhc	omne	H VII 8
eochalîchera (uuëralti)	omne (seculum)	H X 4
eocalîhemu	omni	H XVII 3
eochalîchemu	omni	H XIX 11
eocalîh	omnis	H XXIV 5

---

[1]) perfecien*t*ibus dies durch Punkte getilgt.
[2]) st. N. Siev. Index S. 67.

eocowelîh Pron.	ganz, all; omnis	
eocouuelîchemu	omni	Luc 731, 33
eocouuelîchaz	omne	Luc 733, 25
iokiuuelîh	omnis	H XXV 3
eokiuuelîh	omnis	H XXVI 1
eonaltre Adv.	jemals; umqua*m*	H XXIV 10
eo sô Adv.	wie, so wie; ut, velut, sic*ut*	
		H II 9 III 7; 7 IX 2
ër, siu Pron.	er, sie; is, ille, ipse, refl. sibi (sg. und	
	pl.) Luc 729, 25; 40; 730, 31;	
	34; 51; 54; 59; 733, 18; 19; 60;	
	734, 20; 20; 21; 23; 55; 736, 9; 29;	
	36; 43; 47; 56; 737, 7 H IV 1	
	VIII 2 XIV 2 XVI 3 XVII 2; 2	
	XIX 5; 7; 10 XX 7 XXIV 10	
	XXVI 11; 11 Ps 293, 25; 297, 23; 25	
er Präp. mit Dat.	aus	
er managêm hërzôm	multis cordibus	Luc 735, 18
êr Konj.	bevor	
êr denne	priusquam	Luc 733, 7
ûzan êr	prius(quam) nisi[1]	Luc 734, 3
êra st. F.	Ehre; honor	
hêra	honor	H VI 6
erbi st. N.	Erbe; hereditas	
*er*be	*h*ereditati	H XXVI 11
ërda st. F.	Erde; terra	
ërdu	terra (abl.)	Luc 732, 3
ërda	terram H II 2 Ps 294, 23; 24	

---

[1] quam getilgt vom Glossator, nisi prius Vulg.

hërda	terra (n.)	H VII 8
ërdu	terre (d.)	H VII 10
ërda	terra (n.)	H XXIV 8 XXVI 1
*ër*da[1])	terre[2])	H XXVI 3
ërdôno	*ter*rarum	H XXVI 5
hërda	terram	Ps 296, 14
ërdu Konj.	oder; *vel*	H XXIII 2
êrên sw. V.	ehren; venerari	
êrêt	veneratur	H XXVI 1
êrhaft Adj.	verehrungswürdig; venerandus	
êrhaftan	venerandum	H XXVI 5
êrist Adj.	erst; prim*a*	Luc 730, 15
êrist Adv.	zuerst; primu*m*	H XXV 8
êrist poran Adj. Part.	erstgeboren; primogenitus	
êrist poranaz	*p*rimogenitum	Luc 730, 49
êrist poraniu	primogenita	H I 3
êristo Num.	der erste; primus	
êristo	primus	H VI 5
êristôn (d. pl. f.)	primis	H VIII 1
êrwirdîg Adj.	ehrwürdig; Augustus	
êruuirdîkemu	Agusto	Luc 730, 10
euuueriu s. iuwêr		
evangêlisc Adj.	„des Evangeliums"; evangelicus	
euangêlisceru	evangelica	H I 7
êwa st. F.	Gesetz, Testament; lex, testamentum	
êuua	testamenti	Luc 729, 42
êuu	legem	Luc 733, 15; 735, 60
êuu	lege	Luc 733, 23; 39 H VIII 2
dëra êuua	legis	Luc 734, 19

---

1) *ër*dâ ? ns. Siev.
2) l. terrae (Pl.!).

êuuôm	legibus, legibus	H VII 1 XV 1
êuua	legem	H VII 2
êuua	lex	H VIII 3
êwîg Adj.	ewig, andauernd, beständig; aeternus, perennis, sempiternus	
êuuîgêm..lobum	eternis..laudibus	H I 13
êuuîgera tiurida	perennis gloriae	H III 3
êuuiges leohtes	aeterne lucis	H IV 1
êuuîges leohtes	aeterne luminis	H VI 1
êuuîgemu	aeterno	H VI 7
fateres êuuîges	patris aeterni	H VII 3
êuuîgeru êuu	eterna lege	H VIII 2
êuuîgemu..leohte	eterno lumine	H VIII 3
êuuîges lîbes	eterne vite	H XI 3
êuuîge[1)]..lôn[2)]	aeterna..munera	H XXII 1
lîbes êuuîges	vite perennis	H XXII 5
êuuîgo (a.pl.f.)	sempiterna	H XXII 8
êuuîgo (voc.)[3)]	eterne, aeterne	H XXIV 1 XXV 1
êuuîgan	eternum	H XXVI 1
êuuîgero (d. sg. f.)	aeterna (abl.)	H XXVI 10
ewilendi st. N.	Schafland (Sichem); sicima	
euuilendi	sicimam[1)]	Ps 293, 4
êwîn sw. F.	Ewigkeit; aeternum	
unzi in êuuîn	usque in eternum	H XXVI 11

[1)] a. pl. m.
[2)] lôn ist Neutrum.
[3)] nsm. Siev. Index S. 67.
[4)] vgl. St. A 2 und Baes. Beitr. 69, S. 406.

êwo sw. M.	Ewigkeit	
êuuon	(in) perpetuum	H X 4
in êuun	in perpetuum	H XIX 12[1])
in êuun	in eternum	H XXVI 16
in êuuun	in aeternum	Ps 296, 18
ëzzan st. V.	essen; edere	
za ëzzanne	edendum	H II 9
ëzzan	edere	H XVII 1

F.

fade s. pfad		
faginôn sw. V.	frohlocken; exultare	
feginôntiu	exultans	H XIX 1
feginôt	exultat	H XXII 7
pifâhan st. V.	Besitz ergreifen; occupare	
pifâhe	occupet	H IV 5
intfâhan, ant-, st. V.	empfangen, aufnehmen; con-, ac-,	
an-, ent-	suscipere, capere, adsumere	
entfangan uuâri	conceperetur	Luc 733, 8
entfeanc	acceperat	Luc 733, 62
entfeanc	accipit	Luc 734, 22
intfâhe	suscipiat	H XIV 3
intfâhên	capiant	H XVI 4
antfâhan	adsumere	H XXIV 3
antfâhan	suscipere	H XXIV 7
anfingi[2])	suscepisti	H XXVI 6

---

[1]) fehlt Siev. Index S. 67.
[2]) fehlerhaft überliefert, s. Siev. Einl. S. 12.

fal st. M.	Sturz, Untergang; ruina, casus	
in ual	in ruinam	Luc 735, 6
falli (n. pl.)	casus	H III 4
inkifaldan st. V.	verwickeln, verwirren; inplicare	
in kifalde	inplicet	H V 4
fallan st. V.	fallen; cadere	
fallant	cadunt	H XXV 7
gefangida st. F.	Gefangenschaft; captio	
in gefangida	in captionem	Ps 296, 6
Fanoeles	Fanoel (g).	Luc 735, 24
faran st. V.	vorwärtsschreiten, fortgehen, eilen; proficisci (profiteri!), transire, pergere	
sie[1]) fuarîn	profeteren*tur*[2])	Luc 730, 22
ër fuari	profeteretur[2])	Luc 730, 31
faramês	transeamus	Luc 732, 11
farant	pergunt	H XIX 7; 8
duruhfaran st. V.	vorüber, zu Ende gehen, dahingehen; transire, pertransire	
*d*uruhfarit	pertransiet	Luc 735, 14
duruhfare	transeat	H III 7
duruchfare	transeat	H XX 8
duruhfuor	pertransivit	Ps 296, 1
duruhfuar	pertransisset	Ps 296, 2
furifaran st. V.	vorbeigehen; praeterire	
fur*i*fuo*ru*n	preteribant	Ps 297, 1
Farao	Pharao	
faraones	pharaonis	H XXI 3

---

[1]) s : e St., s. Text mit Anm.
[2]) mit proficisci verwechselt.

fart st. F.	Vorwärtsfahrt; profectus	
dëra uerti	profectus	H II 3
fasta sw. F.	Fastenzeit; ieiunium	
*fast*ôm	ieiuniis	Luc 735, 43
fater st. M.	Vater; pater	
*fa*ter	pater	Luc 737, 12
dës fateres	patris	Luc 737, 26
fa*t*ere	patri	H I 1
fateran	patrem, patre*m*	H II 6 III 3; 3; 3
		XXIII 4
fater (voc.)	pater	H II 7 VIII 10
in fatere	in patre	H III 8
fater, fat*er*	pater	H III 8 IX 1
fatere, *fa*tere	patri	H VI 7 XIX 12 XXV a
fateres, fa*t*eres	patris	H VII 3; 4 XXIII 4
		XXVI 8
fona fatere	a patre	H VII 9
mit fatere	cum, cu*m* patre	H XXIV 1; 16
fater, fat*er*	patrem, patre*m*	H XXVI 1; 5
fateres	patri	H XXVI 6
faterlîh Adj.	väterlich; paternus	
faterlîchemu..arme	paterno brachio	H II 1
faterlîchêr (tiurida)[1]	paterne (gloria)	H III 1
fa*t*erlîches	paterni	H VII 7
faterlîchiu (n. sg. f.)	pate*r*na	H XXII 7
fëddâh st. M.	Flügel; ala	
fëddhâcho	alarum	H VII 7
feginôt, feginôntiu s. faginôn		

.

---

[1] nsm. Siev., auf schîmo (voc.) bezogen?

9*

fëlahanto sw. M. (voc.)[1]	Schöpfer; conditor	H XXV 1
fëlaho sw. M.	Schöpfer; conditor	H I 7
feor Num.	vier; quattuor, quaternus	
hahtozo feoriu	LXXXIIII	Luc 735, 39
feorim	quaternis	H XVIII 1
fër Adv.	fern	
fër sî	absit	H VIII 6
fër stante	absistat	H VIII 6
fërgôn sw. V.	fordern; poscere	
fërgôt	poscit	H II 3
ferro sw. M.	Seemann; nauta	H XXV 4
festi Adj.	fest; firmus	
festemu muate	firma mente	H IV 6
fîant st. M.	Feind; hostis, inimicus	
fîant	hostem H I 6 XVIII 3 XXIII 4	
fîant	hostis	H XV 3 XXIV 3
fîentes (g.)	hostis	H XXIV 9
fîantâ	*inimicos*	Ps 293,26
fîantscaf st. F.	Feindschaft; odium	
fîantscaffi	*odii*	Ps 294, 6
findan st. V.	finden; invenire	
findat ir	invenietes[2]	Luc 731, 46
funtun	invenerunt	Luc 732, 23
		Ps 295, 11
ni findante	non invenientes	Luc 736, 40
funtum	invenerunt	Luc 736, 47
fand	inveni	Ps 295, 13
intfindan st. V.	empfinden; sentire	
intfindantêr	sentiens	H IV 1

---

[1] ns. Siev. Index S. 68.
[2] l. invenietis.

finstrên sw. V.[1]	finster werden; tenebricare	
finstrêt	tenebricat	H XII 3
finstrî sw. F. Pl.	Finsternis; tenebrae	
finstrînum	tenebris	H XIV 2
finstrî (a. pl.)[2]	tenebras	H XVI 1
firina st. F.	Verbrechen; crimen	
firino	crimina	H XX 1
fîrra st. F.	Muße; otium	
fîrru	otio (abl.)	H XV 1
first st. M.	Gipfel; culmen	
firstes	culminis	H VI 5
fiur s. fuir		
fizusêr Adj. fl.	schlau; callidus	H XVIII 2
fizusheit st. F.	List, Schlauheit; dolus	
fizusheitim	dolis (d.)	H IV 4
fizusheit	dolus	H VIII 6
fleisc st. N.	Fleisch; caro	
fleisges	carnis	H IV 4 XX 5
in..fleisge	in..carne	H XIX 10
fleisc	caro	H XX 5
fleiskes	carnis	H XXIV 4
flusc st. M.	Wohlleben; luxus	H IV 5
fol Adj.	voll; plenus	
follêr	plenus	Luc 736, 5
folle (chelichâ)	plenas (patheras)	H VII 6
fol (himil, ërda)	plena (n. pl. n.)	H VII 8
folliu (himil, ërda)	pleni	H XXVI 3

---

[1] finstrên Siev., finstren sw. V. < finstarjan?, würde aber finster machen bedeuten.

[2] as. mit Fragezeichen Siev. Index S. 68.

folgên sw. V.	nachfolgen; sectari, succedere	
folgênt	sectan*tur*	H VII 11
folgeen	succedant	H VIII 2
folgênti	succedens	H VIII 3
folch st. N.	Volk, Leute; populus	
*fol*che	populo	Luc 729, 36
*fol*che	*p*opulo	Luc 731, 34
dës *fol*ches	populi	Luc 734, 50
folh	populu*m*	H XXVI 11
folkes	populi	Ps 296, 21
fona Präp. mit Dat.	von, über, aus; a, ab, de, e, ex	
	Luc 729, 39; 54; 730, 9; 17; 732, 33;	
	40; 733, 6; 63; 734, 54; 735, 25; 34;	
	41 H II 9; 10 III 1 VI 4; 7 VII 3; 9;	
	9 VIII 6 X 3; 3 XVII 1 XIX 3; 5	
	XXI 3; 3; 6; 7 XXIV 5; 10 XXV 2	
	Ps 295, 2/3; 24; 25; 26; 296, 9;	
	22; 297, 6; 25	
fora Adv.	vorher; ante	H XXIV 4
fora Präp. mit Dat.	vor, für; ante, pro	Luc 734, 20; 42
		H X 4 XXIV 1
foraharo sw. M.	Verkünder, Herold; praeco	
		H XXV 2
forahta sw. F.	Furcht; timor, metus	
frahta forahta	timor	Luc 728, 39
forahtûn	timore	Luc 731, 21
dëra forhtûn	timoris	H XV 4
forhtûn	metu	H XX 2
forachtûn	metum	H XX 6
forahtalêr[1]) Adj. fl.	furchtsam; timoratus[2])	Luc 733, 53

---

[1]) o < u Holder.

[2]) religiosus durch Punkte getilgt.

fridu st. M.	Frieden; pax	
frido[1]) fridu	pax	Luc 732, 4
*fri*diu	pace	Luc 734, 35
frido	pacis	H VIII 8
fridu	pax	Ps 296, 31
frisginc st. M.	Opfer; victima	H VII 10
friunt st. M.	Freund; amicus	
friunt	amici	Ps 293, 14
frô, frau fl. frawêr	froh; laetus	
frôe	leti	H III 6
frauuêr	laetus	H III 7
frauue	leti	H IV 3
frôuuêm	letis	H XXII 1
frôôn s. frauwôn		
frua Adv.	früh	
frua in morgan	diluculo	H III 7
frumiscaft st. F.	Ursprung; primordium	
in frumiscafti	in primordio	H XXIV 2
kafuagen sw. V.	verbinden; coniungere	
kafuage	*con*iungat	H V 5
fuaren sw. V.	tragen; ferre	
fuaremês	feri*mus*	H XXIV 9
framfuaren sw. V.	vorwärts führen; provehere	
fra*m* fuarit	*pro*vehit	H III 8
widarfuaren sw. V.	zurückführen; revectare	
uuidar fuarinti	revectans	H IV 3
kafuari st. N.	pass. Gelegenheit, Nutzen, Be-quemlichkeit; conpendium	
kafuarre	conpendio	H XXII 3

---

[1]) s. Text mit Anm.

fordoron s. catalinga

frâgên sw. V.	fragen; interrogare	
frâgêntan	interogantem	Luc 736, 53
frahta s. forahta		
framhaldêr Adj. fl.	vorwärts; pronus	H XIV 1
frau, fl. frawêr s. frô		
frauwôn, frôôn sw. V.	sich freuen; laetari, exultare	
frauuôêm	laetemur	H I 6
frôônte	letantes	H I 8
frôôn	exultabo	Ps 293, 4
frêht st. F.	Verdienst; meritum	
frêhtim	meritis	H XXIV 15
kafrêhtôn sw. V.	verdienen; mereri	
kafrêhtôhêm	mereamur	H I 13
frecchî sw. F.	Begierde, Geiz; avaritia	H VIII 6
frî Adj.	frei; liber	
frîge	liberi	H X 3
frîiêm	liberis	H XVIII 3
fuaz st. M.	Fuß; pes	
fuazziu (instr.)	pede	H XIX 2
fuazzi (a. pl.)	pedes	H XIX 7
fuozzi (a. pl.)	pedes	Ps 295, 26
fûhti Adj.	feucht; humectus	
fûhtêm..plâstim	humectis..flatibus	H II 2
fiur st. N.	Feuer; ignis	
fiure	igni	H XXII 4
erfullen sw. V.	erfüllen; implere, replere	

erultêr	impletus	Luc 729, 27
eruulte	impleti	Luc 730, 42
eruulte *uuârun*	impleti sunt	Luc 733, 10
arfulte	repleti	H VIII 10
erfullit	repletur	H XXII 7
funs Adj.	bereit; promptus	
funsemo	pru*m*ptu	H XII 1
furahten, furihten	fürchten; timere, formidare,	
praet. forahta	pavere	
sw. V.		
forahtôn[1])	timue*r*unt	Luc 731, 20
furahtan	timere	Luc 731, 27
furihtanti	formidans	H I 4
furahtante (a.)	paventes	H XXV 7
furihtant	timent	Ps 294, 16/17
erfurahten sw. V.	fürchten; pavescere	
erfurahtit	paviscit	H XXIV 5
furisto Superl.	der erste, Fürst; princeps	
furistin	principi	H XXI 1
furistun (n.)	principes	H XXII 2
furistun (a.)	principes	H XXII 6

G. K.

kagan Adv.	entgegen; obviam	
cagan	obvia*m*	H I 8
kagani	obviam	H I 10
kaganlôn st. N.	Vergeltung; vices	
kaganlôn	vice*m*	H VIII 5

---

[1]) forohton St., s. Text mit Anm.

châhûn câhûn Adv.	jäh, plötzlich; subito	Luc 731, 52
Galaad	Gilead; galaad	Ps 293, 7
Galilea	Galiläa; galilea	H XIX 6
kambar Adj.	tätig, munter; strenuus	
kambaro (katât)	strenuos (actus)	H III 4
kân st. V.	gehen; gradi	
kât	gradi*tur*	H XIV 2
forakân st. V.	vorausgehen; praeire, Part. praevius	
fra câs	praeibis	Luc 729, 46
forakântemu	previo	H XX 3
incân st. V.	eintreten; intrare	
incânnes	intrandi	H XVIII 2
kangan st. V.	gehen; ire, gradi, ambulare	
keangu*n*	iba*nt*	Luc 730, 19
gangante	gradientes	H XI 3
noh ni kienc	neque ambulavi	Ps 298, 1
framkangan st. V.	vorwärts schreiten; procedere	
framgeanc	processa [serat]	Luc 735, 28
furikangan st. V.	übergehen, vorbeigehen; praeterire	
furigange	pretereat	H IX 2
ûzkangan st. V.	hinausgehen; exire	
ûzkeanc	exiit	Luc 730, 7
kekarawen sw. V.	bereiten; parare	
kekaratôs	[per] parasti[1])	Luc 734, 41
garba st. F.	Garbe, Handvoll, Bündel	
garbâ	*manipulos*	Ps 296, 34
cart st. M.	Chor; chorus	H XXVI 4
cartsanc st. M.	Chor; chorus	H XXIII 2

---

[1]) per vom Glossator übergeschrieben.

casthûs st. N.	Gasthaus, Herberge; diversorium	
in casthûse	in diversurio	Luc 731, 1
catalingâ st. M. Pl.	Eltern; parentes	
catalingâ[1]) fordo-ron aldo[2])	parentes (eius)	Luc 734, 12
catalinge	parentes	Luc 736, 27
picaumen sw. V.	beachten; observare	
picaumanti	observans	H XIV 2
kawimëz st. N.	Gau, Galiläa	
in kauimizze	in galilea	H XIX 6
in geuimëzze	in galilea	H XIX 8
këba st. F.	Gabe; munus	
këbo	munera	H VI 7
këban st. V.	geben; dare, donare, tribuere	
*këban*tan	daturum	Luc 729, 45
*ze kë*banne	ad[3]) danda*m*	Luc 729, 47
kâbîn	darent	Luc 733, 34
kip	tribue	H II 9
gëbe	donet	H III 4
kâpi	donasti	H VII 2
kakëpan	datus	H VII 10
këbê*m*	dem*us*	H IX 4
gip	tribue	H XVI 2
këbe	det	H XVII 3 XXIII 4
câbi	dedisti	H XXIV 2; 7
câpi	donasti	H XXIV 6

---

[1]) das zweite a zweifelhaft, s. Anm. zum Text.
[2]) o halb abgeschnitten.
[3]) a St., s. Text mit Anm.

câbîs	donares	H XXIV 11
këpentêr	daturus	H XXIV 15
këpanti[1])	dans	H XXV 1
kap	dedit	Ps 294, 25
nikap	non dedit	Ps 296, 5/6
arkëban st. V.	zurückgeben; reddere	
arkëpanemu (leoht)	reddita (lux)	H VIII 1
harchëban ist	redditur	H XII 2
argëbe	reddat	H XX 6
argëpan	reddita	H XXI 5
erkëpan *ist*	redit[2])	H XXV 6
erkeilen sw. V.	erheben; extollere	
erkeilidiu[3]) sint	elati sunt	Ps 297, 29
(ougun)	(oculi)	
keilî sw. F.	Hochmut, Pracht; superbia, pompa	
keilî	superbia	H VIII 6
keilî (d.)	pompa (abl.)	H XIX 3
keist st. M.	Geist; spiritus	
mit uuîhemu	cum *sancto* spiritu	
keiste		H II 6
keistes	sp*iritus*	H III 6
keist	sp*iritus*	H V 4
këltan st. V.	entgelten; solvere, reddere	
këltêm	solvamus	H VI 7 XXV 8
këltêm	reddamus	H VIII 5 XIX 11
këltan	reddere	H XXIII 3

---

[1]) davor kipis ausradiert, vgl. Siev. Anm.
[2]) rediit Hs.
[3]) Part. Praet., d = t, s. Baes. Beitr. 69, S. 407.

keozzan, ka- st. V.	ausgießen, vergießen; fundere, refundere	
kageozzanti	refundens	H XX 2
kicozan ist	funditur	H XXII 5
avur keozzan st. V.	ausgießen; refundere	
auur kico*zzan ist*	refundit*ur*	H XXV 6
inkeozzan st. V.	ausgießen; infundere	
ingiuz	infunde	H III 2
keozzo sw. M.	Meeresflut; fretum	
kiozun (n. pl.)	freta	H XXV 4
kërôn sw. V.	begehren; desiderare	
kakërôtaz (antluzzi)	desideratam (facies)	H XIX 8
kerta st. F.	Rute; virga	
kerta	virgam	Ps 296, 23
geuimëz s. kauuimëz		
gift st. F.	Gabe; munus	
cifti (d.)	munere	H VII 1
gifti (a.)	munera	H VII 2
kifti (a.)	munera	H XXIV 11
inkinnan st. V.	beginnen; inchoare	
incunnaniu (n. sg. f.)	inchoata	H VII 4
kiozun s. keozzo		
kîtagî sw. F.	Kehle im Sinne von Gier, Gefräßigkeit; gula	
kîtagî	gulam	H IV 5
giu adv.[1]	schon, einst; iam, HI 9 II 2; 3; 4	
	quondam IV 2; 3 V 2; 2; 3 XI 2	
	XIV 2 XIX 4; 9	
	XXI 4 XXIV 4 XXV 2	

---

[1] unter J Siev. Index S. 74.

ingiuz s. inkeozzan		
clauwida st. F.	Klugheit; prudentia	
clauuida	prudentia[1])	Luc 736, 58
clîz st. M.	Glanz; nitor	
clîzze	nitore	H III 2
clîz	nitor	H V 2
clîzzan st. V.	glänzen; Part.: candidus	
clîzzante	candidi	H XXI 1
farcnîtan st. V.	zerstören; delere	
farcneit	delevit	H I 3
comman cunt Adj.	männlich; masculum inum	Luc 733, 26
cot st. M.	Gott; deus	
cotes, *cotes*	dei	Luc 731, 17; 736, 7 H XX 1; 3 XXVI 8
cotan	de*u*m	Luc 731, 60; 732, 53; 734, 27
cote, *cote*	deo Luc 732, 2 H VI 7 XXIII 1 XXIV 4 XXVa	
cot, *cot*, *cot* (n.)	de*u*s	H I 12 II 1 VI 1 XV 1 XXVI 3 Ps 293, 2
kot	de*u*s	H VII 3; 8 XIV 1
fona kote	ex deo	H VII 3
kotes	dei H VII 9 VIII 1 IX 2 X 1 XIII 2	
kote	deo	H XIX 12 XXI 2
cot (pittan)	deo (orare)	H XXIII 3
cot	de*u*m	H XXVI 1
cot (voc.)	de*u*s	Ps 293, 18
got	de*u*s	Ps 295, 18
kotcund Adj.	göttlich; divinus	
kotcund	divinus	H VI 6
kotcunddemu	divino	H VII 3
kotkundê*m*	divinis	H VII 5

---

[1]) prudentiam St., prudentia oder prudentiā Hs., s. Text mit Anm.

kotcundî sw. F.	Gottheit, Göttlichkeit; divinitas, deitas	
kotcundî	divinitati	H IX 4
kotcundî	deitas	H X 4
crap st. N.	Grab; tumulus	
crape	tumulo	H XXI 6
cremizzi Adj.	traurig; tristis	
cremizze (n.)	tristes	H XIX 5
kecriffen sw. V	entreißen; eripere	
kecriftiu ist	erepta est	Ps 296, 8/9
untarchriffen sw. V[1])	heimlich ergreifen; subripere	
untarchriffe	subripiat	H XVI 3
crimmi Adj.	grausam; dirus, crudelis	
chrimmiu (a.pl.n.)	dira	H I 5
crimmemu	crudeli (abl.)	H XIX 5
cruazzen sw. V.	aufrufen; provocare	
cruazzit	provocat	H XII 1
kacruazzen sw. V.	aufrufen, anreizen; provocare, incitare	
kakruazze	provocet	H IV 5
cacruaze	provocet	H V 5
kacruazze	incitet	H XV 3
cuat st. N.	das Gute; bonum	
in kuate	in bono	H VIII 5
in cuate	in bono	H XXIII 3
pi guotôn	pro bonis	Ps 294, 13
cuat Adj.	gut, der Gute; bonus	
dës cuatin uuillin	bone voluntates[2])	Luc 732, 6
cuatêr	bonus	H XXIV 14
cuatêm	bonis	Ps 296, 27

---

[1]) unter K Siev. Index S. 75.
[2]) l. voluntatis.

cuatspëllôn sw. V.	die frohe Botschaft verkündigen; nuntiare, evangelizare	
cuatspëllôn	*n*untio *evangelizo*	Luc 731, 29
uparcussôn sw. V.	überfließen; adfluere	
uparcussôên	affluant	H VIII 9

H.

habên sw. V.	haben, halten; habere, tenere	
hebit	habêt	H I 3
hebis	tenes	H VI 2
hebit	tenet	H VIII 3
habênte	tenentes	H XI 1 XIII 2
pihabên sw. V.	in Besitz haben, halten; occupare tenere, detinere	
pihabee	occupet	H VIII 7
pihebit	detinet[1])	H XV 2
pihabêt uuârun	tenebamur	H XXIV 6
inthabên sw. V.	innehaben; continere	
inthebis	contenis	H II 7
halla st. F.	Tempel; templum	
thëra halla	templi	H XXIV 8
hals st. M.	Nacken; cervix	
halsâ	cervices	H XXIII 2
haltan, ka-, ke-, ki- st. V.	bewahren, erhalten, helfen, erretten, beobachten; conservare, custodire, observare, Part.: salvus, Imper.: osanna	
haltente	custodientes	Luc 731, 7
kehealt	conservabat Luc 732, 42	

---

[1]) declinet Text Siev. S. **44**, detinet Index S. 71, detinere S. 91.

kahalt (imper.)	osanna[1])	H VI 5 VII 9
kihaltês	conserves	H VII 2
kahalte	conservet	H VIII 8
cahaltan	custodiant	H XVII 3
kahaltan ist	custoditur	H XIX 3
kahaltan[2]) tua	salvum fac[3])	H XXVI 11
kahaltan[2])	custodire	H XXVI 13
kahaltana tua	salvum fac[4])	Ps 293, 1
kehaltanti	custodiens	Ps 295, 19
haltis	observabis	Ps 297, 11
kahaltanî sw. F.	Keuschheit; pudicitia	
kahaltinî	pudicitiae	H XVIII 3
kihaltida st. F.	Wache; custodia	
..*k*ihaltidu[5])	a *cus*todia	Ps 297, 19
hangên sw. V.	hängen; pendere	
hangênt	pendent	H XXII 5
hano sw. M.	Hahn; gallus	
hano	gallus	H XXV 5; 5
henin	gallo	H XXV 6
hant st. F.	Hand; manus	
hant	manus	Luc 729, 22
henti[6])	man*us*[7])	H XXII 4
henti (a. pl.)	manus	Ps 296, 26

---

[1]) s. Eucherius 145, 19 = Abr. 221, 33; vgl. Baes. Beitr. 69, S. 405.
[2]) *keha*ltan Ergänzung Siev., s. Text mit Anm.
[3]) s. Baes. a. a. O.
[4]) s. auch zësawa
[5]) *p*ihaltidu Schmeller, vgl. St. A 7.
[6]) np.? Siev. mit Fragezeichen, d. sg.?
[7]) man*us* Siev., ist man*u* zu ergänzen?

harên sw. V.	rufen; clamare	
harêt	clamat	H XIX 4
herêta	clamavi	Ps 297, 6
foraharên sw. V.	zurufen; proclamare	
fora harênt	proclamant	H XXVI 2
haubit st. N.	Haupt; caput	
hou*bites*	cap*itis*	Ps 293, 9
haubitpant st. N.	Kranz; corona	
hohubitpantu*m*	coronis	H VII 11
hehtim s. êht		
heil st. N.	Heil	
daz heil	salutare	Luc 734, 39
heilag Adj.	heilig; sacer	
heilac..karûni	sacru*m*..misterium	H XIII 2
heilagôn sw. V.	heiligen; sancire, sacrare	
heilagônti	sanctiens	H VIII 2
keheiligôt	sacratus	H XXII 5
heilant st. M.	Erhalter, Retter, Jesus[1]); conservator, salvator, Jesus	
heilant	conservator salvator	Luc 731,39
heilant	Ihe*sum*	Luc 734, 14
*hei*lant	Ihe*sus*	Luc 736, 12
heilante	ihe*su*	H I 10
heilant (v.)	salvator	H II 6 VII 1
heilant	ihe*sum*	H XX 3
heilant (v.)	Ihe*su*	H XXV 7
heilî sw. F.	Heil; salus	
heilî	sal*us*	H I 4 XXV 6
dëra heilî	salutis	H XII 2 XIII 2
heilî	salutis	H XXIV 7

---

[1]) Eucherius 140, 13 Iesus saluator.

heitar venenum s. eitar

heitar Adj. — heiter, strahlend; clarus, splendidus, serenus

heitariu (liotfaz)	claras (la*m*padas)	H I 8
heitariu (muat)	splendidas (mentes)	H I 10
heitarêr	clarus	H IV 2
heitiristin (leoht)	clarissima (lux)	H XII 3
heitaremu	claro	H XIV 1 XIX 9
heitarêr	serenus	H XX 1

heitaren sw. V. — hell machen, erheitern; serenare

| heitarit | serenat | H V 3 |

heitarnissa st. F. — Helligkeit; iubar — H III 2

kaheiz st. M. — Gelöbnis; promissum

| za kaheizzam[1]) | ad promissa | H V 5 |

heizmuoti oder -î F. N. — Wut; furor — Ps 295, 32

hëlfa st. F. — Hilfe; auxilium

| hëlfa (a.) | auxilium | H XVII 3[2]) XXIII 4 |

hëlfan st. V. — helfen; favere, subvenire

| hëlfanteru ensti | favente gratia | H VIII 1 |
| hilf | subveni | H XXVI 9 |

hëlfant st. M. — Helfer; auditor[3]) — H VI 6

helidiota s. elidiota

hella st. F. — Hölle; infernum, Pl. inferi

za hellôm	ad inferos	H XXIV 11
in hellu[4])	in infernum	Ps 294, 28
dëra hella	inferni	Ps 295, 11

---

[1]) so Hs. und Siev.

[2]) ns. Siev. Index S. 72.

[3]) auditor ist in der Glossierung mit adiutor verwechselt.

[4]) u unsicher.

10*

hellacruapa st. F.	Hölle; baratrum	
hellacruapo (d.)	baratro	H XXI 6
hellawîzzi st. N.	Hölle; tartara	
hellauuîzzi (a.sg.)	tarthara	H XIX 2
hengen sw. V.	nachgeben; cedere	
henge	cedat	H IV 4
kahengen sw. V.	zustimmen; consentire	
kahenge	consentiat	H XVI 3
henin s. hano		
hentriskes s. entrisk		
hera s. êra		
herda s. ërda		
hereta s. harên		
heri st. N.	Heer, Feind; exercitus, hostis	
heri	exercitus	Luc 731, 56
heri	hostem	H XXIII 4
heri	exercitus	H XXVI 4
hêriro Komp.	der Ältere; senior	
hêrerôno	seniorum	H VII 6
hêrro[1]) sw. M.	Herr; sabaoth	H VI 5 VII 8
		XXVI 3
hërza sw. N.	Herz; cor	
hërzin	corde	Luc 729, 15; 732, 47
er..hërzôm	cordibus	Luc 735, 18
lûtremo hërcin	puro corde	H II 10
fona hërzôn	e cordibus	H VIII 6
hërza	cor	H XVI 4 Ps 297, 29
hërzun	corda	H XIX 11
hërzin	corde	Ps 296, 28

---

[1]) hërro Siev. Index S. 73.

erheffan[1]) st. V.	erheben, sich überheben; extollere, exaltare	
erheui	extolle	H XXVI 11
nist erhabanaz	non est exaltatum	Ps 297, 28
arhuobi	exaltavi	Ps 298, 4
hierusalem	Jerusalem; hierusalem	Ps 296, 19
himil st. M.	Himmel; caelum, polus, aether	
himiles, himiles	celi	H II 1; 3 V 3 VII 1
himil (a.)	polum, polum	H II 1; 4 XXV 3
himilâ	celos	H II 7
himiles	aetheris	H V 1
himilo	celorum	H VI 2 XVII 2 XXVI 7
himil (n.)	celum	H VII 8 XIX 1
himile	celo	H VII 11
himil (a.)	caelum	H XXII 7
himilâ	caeli (n. pl.)	H XXVI 2; 3
himil (a.)	caelum	Ps 294, 23; 24; 296, 13
himilo (g. pl.)	caeli (g. sg.)	Ps 294, 24
himilisk Adj.	himmlisch; caelestis	
himilisces (g. sg. n.)	celestis	H I 7
himiliska (a. sg. f.)	celestem	H VII 5
himilesges (g. sg. n.)	celestis	H XI 3
himiliskera (g. sg. f.)	celestis	H XXII 2
himiliskî sw. F.	himmlische Heerschar; caelestis	
dëra himiliskî	celestes[2])	Luc 731, 58
himilzeichan st. N.	Gestirn; sidus	
himilzeichano	siderum	H IV 2

---

[1]) erheffan Siev. Index S. 72, auch -hevan, s. Baes. Einf. § 127, 2 b.
[2]) l. celestis.

hirti st. M.	Hirte; pastor	
hirte	pastores	Luc 731, 2; 732, 8
fona hirtum	a pastoribus	Luc 732, 40
hirte	pastores	Luc 732, 49
hiuto[1])	heute; hodie	Luc 731, 38
hîwiski st. N.	Familie, Hausgemeinschaft	
hîuuiske	patria familia (abl.)	Luc 730, 30
fater hîuuisges	pater familias	H IX 1
hîuuiski	domui	Ps 294, 14; 15
hizza st. F.	Hitze; calor, aestus	
hizzu	calore	H III 5
hizzôm	estibus	H IV 4
inkagan, kagan	entgegenlaufen, begegnen;	
(h)laufan[2]) st. V.	occurrere	
inkagan louffant	occurrunt	H I 8
kakan lauffêm	occurramus	H I 10
(h)lauft st. M.	Lauf; cursus	
lauft (a. sg.)	cursus (a. pl.)	H III 8
lauftim	cursibus	H V 1
(h)lôz st. N.	Los; sors	
lôz	sortem	Ps 296, 24
(h)lûtar Adj.	klar, rein; purus	
lûtremo hërcin	puro corde	H II 10
(h)lûten sw. V.	tönen; sonare, personare	
lûtten	sonare	H V 3
lûtant	personant	H VII 7
lûtit	sonat	H XXV 2
lûtte	sonet	H XXV 8

---

[1]) s. Text mit Anm.
[2]) (h)l unter L Siev. Index S. 76 ff.

ka(h)lûten sw. V.	ertönen; desonare	
kalûttemês	desonamus	H VII 12
(h)lûtmâri Adj.	öffentlich; publicus	
lûtmârreru	publica (abl.)	H XIX 10
(h)lûtrî sw. F.	Reinheit; sinceritas	
dëra lûtrî	sinceritatis	H XXI 4
(h)neigen[1]) sw. V.	neigen; inclinare	
kineicta	inclinavit	Ps 295, 7
ka(h)nîgan st. V.	sich abwenden, Part. Praeter. bitt- flehend; declinare, supplex	
kanîge	declinet	H V 4
kanigane (pl.)	suplex	H VII 6
hôh Adj.	hoch, erhaben; altus, excelsus, sublimis (Komp.)	
hôiu (voc.sg.f.)	alta	H VI 3
hôhes sëzzes	alte sedis	H VI 6
hôhêr (voc.)	excelse	H XIV 3
hôhira (n.sg.n.)	sublimius	H XX 6
hôh subst,. adj. fl.	Höhe; altum, altissimum, excelsum	
fona hôhemo[2])	ex *alto*	Luc 729, 54
in hôhêm	in altissimis excelsis	Luc 732, 1
hôhî sw. F.	Höhe; altum, excelsum, altissimum	
fona hôî	ex alto	H VI 4
fona hôhînum	de excelsis	H VII 9
in hôhînum	in altissimis	H XVII 2
hôren sw. V.	hören; audire	
hôrtôn	audierant	Luc 729, 14
hôrrantan	audientem	Luc 736, 52

---

[1]) (h)n unter N Siev. Index S. 80.
[2]) s. Text mit Anm.

kehôren sw. V.	hören; audire, exaudire	
kehôrtôn	audierunt	Luc 732, 36
kehôrtôn	audierant	Luc 732, 55
kehôrtôn	audiebant	Luc 736, 56
kehôrta	exaudiet	Ps 295, 5
kehôri	exaudi	Ps 297, 7
horsco Adv.	rasch	
sô horsco	quantotius	H XIX 6
(h)radalîh[1]) Adj.	eilig; concitus	
radalîcho (n.pl.f.)	concite[2])	H XIX 7
(h)rëf st. N.	Mutterleib; uterus	
rëf	uterum	H XXVI 6
(h)reinen sw. V.	reinigen, Sorge tragen; mundare, curare	
reinnenti	mundans	H XX 5
reinnês	cures	H XXIV 16
(h)reini Adj.	rein, klar; purus, mundus	
reinemu	puro	H XIII 2
reinemu	mundo	H XIX 9
(h)reinidassi F.	Reinigung; purificatio	
dëra reinidassi	purifecationes[3])	Luc 733, 12
(h)rêo st. N.	Leichnam, Tod; funus	
rêuuir	funera	H I 5
fona rêuue	de funere	H XIX 3
ar(h)retten sw. V.	herausreißen, erretten; eruere, eripere	
arrette	eruat	H X 3
arratte	erepti	H XXI 3

---

[1]) (h)r unter R Siev. Index S. 81 f.
[2]) l. concitae.
[3]) l. purifecationis.

(h)reuwa, (h)riuwa sw. F.	Buße; poenitentia	
thëra reuûn (g.sg.)	penitentie	H XXIII 3
(h)ruaft st. M.	Ruf, Rufen; clamor	
ruafte	clamore	H VII 7
(h)ruamen sw. V.	rühmen; glorificare	
ruamante	(laudantes)[1]) glorificantes[2])	
		Luc 732, 50
huaninchili (a. pl.)	junge Hühner; pullos	Luc 733, 42
kehucken sw. V.	gedenken, sich erinnern; meminisse	
	Pass.: memorari	
kehukit[3]) uuësan	memorari	Luc 729, 41
gihugi	memento	H XVI 6
huct st. F.	Sinn; sensus	
huctim	sensib*us*	H XXV 8
hungar st. M.	Hunger; fames	H IV 5 VIII 9
hûs st. N.	Haus, Gotteshaus; domus,	
	templum	
hûse	domo	Luc 730, 29
in hûse	in templo	Luc 734, 9
hûse	templo	Luc 735, 42; 736, 48
hwanta s. danta		
(h)warben sw. V.	zurückkehren; reverti, redire,	
	converti	
uuarpante *uuâ*run	reversi sunt	Luc 732, 48;
		736, 41
*uua*rpante *uuâ*run	*r*eversi sunt	Luc 735, 62
uuarptôn	redi*r*ent	Luc 736, 22
uuerbi	convertere	Ps 295, 21

---

[1]) nicht glossiert, s. Text mit Anm.

[2]) vom Glossator unter laudantes geschrieben.

[3]) k hu kit Hs., ist ck zu ergänzen?

142

(h)waz[1]) Pron.	was; quid	Luc 729, 17; 737, 10;
		18 H XX 6
(h)wenneo Adv.	wann auch immer, endlich;	
	tandem	H XVIII 4
(h)wer st. M.	Becken, Kessel; lebes ($\lambda\acute{\varepsilon}\beta\eta\varsigma$)	
uueref[2])	lebes	Ps 293, 11
(h)wër Pron.	wer; quis	
uuënan	quem	H XX 2
uuër	quis, qui[3])	Ps 293, 15; 297, 12
(h)wërban st. V.	zurückkehren; redire, reverti	
uuëruan	redire	H XVIII 1
uuarf	redit	H XXI 6
uuiruit	revertitur	H XXV 6
(h)wîla st. F.	Stunde; hora, mit niunta: nona	
dëra sëlbûn uuîlu	ipsa hora	Luc 735, 49
uuîla	hora	H I 4
niunta uuîla	nonam	H XIII 1
(h)wîz Adj.	weiß; albus	
uuîzzêm	albis	H XXI 1

I.

ibu Konj.	wenn; si	H XXV 7
Idumea	Edom; idumea	
in idumea	in idumeam	Ps 293, 12
uncin in idumea	usque in idumeam	Ps 293, 17
ih Pron.	ich; ego	Luc 737, 13; 21; 29
	Ps 293, 13; 15; 16; 294, 4; 5; 7; 10;	
	12; 295, 8; 10; 12; 20; 298, 2	

---

[1]) (h)w unter W Siev. Index S. 91 ff.
[2]) l. wer, ef = es von lebes, vgl. Baes. Abr. S. 11 A 2.
[3]) quis, s. St. A 3.

îlen sw. V.	eilen; festinare	
îllante	festinantes	Luc 732, 22
îlîco Adv.	eilig; propere	H XIX 8
in Präp. mit Dat. und Acc.	in Luc H Ps	
inhuct st. F.	Sinn; sensus	
inhuctim	sensib*us*	H III 2
inhucti	sensui	H VIII 7 XV 4
inhuct	sensus	H XV 5
innôdi st. N.	Eingeweide, Mutterleib; viscera (Pl.), uterus	
innôdi	viscera	Luc 729, 51
in innôde	in utero	Luc 733, 8
innôdi (n. pl.)	viscera	H XXII 5
inti, inte Konj.	und; et, mit ioh: atque H Ps (s. enti Luc)	
inu Partikel	siehe; ecce	Luc 731, 11; 28; 733, 45
inu Konj.	denn; nam	H XXIV 8
inu ni Partikel	etwa nicht? nonne	Ps 293, 18
iokiuuelih s. eocowelîh		
ioh Konj.	und; ac, -que, atque H I 1; 2; 11 II 1; 3; 4; 5; 6; 7; III 2; 2; 6; 6 V2; 3 VI 3; 6; 7 VII 8 VIII 2 XV 1; XVI 1; 2 XIX 12 XX 2; 3; 4; 6; 6; 7 XXII 3 XXIII 1; 4 XXV 1; 4; 7; 8	
ir Pron.	ihr; vos Luc 731, 29; 37; 44; 46; 737, 23 Ps 294, 19/20; 20; 22; 297, 2/3; 3	
ira, iro Pron.	eorum, suus Luc 729, 3; 15; 730, 24; 48; 731, 10; 732, 47; 735, 33; 34 Ps 295, 32; 296, 7	
irri Adj.	irrend; vagus	
irri muat	vaga mens	H IX 3
irraz (muat)	vaga*m* (mens)	H XV 4

irrituom st. M.	Irrtum; error	
irrituomo	errorum	H XXV 3
Israhel	Israel; israhel	
*israhel*es	israhel	Luc 733, 57
israhel	isra*hel*	H I 5
israhel	isra*hel*	H I 6
isrlo	israhelo	Ps 294, 14
uber israhel	super israhel	Ps 296, 32
isrł	israhel	Ps 297, 20
israhelan	israhel	Ps 297, 25
itwîzlîh Adj.	schändlich, schlimm; probrosus	
ituuîzlîcho (firina)	*p*robrosa (crimen)	H XX 1
iuwêr Pron.	euer; vester	
euuueriu	vestros	Ps 294, 21

J.

iâr st. N.	Jahr; annus	
unzi ze iârum	ad annos	Luc 735,38
*iâ*rum	anno*rum*	Luc 736, 13
jëhan st. V.	gestehen, bekennen; confiteri	
iah	confitebatur	Luc 735, 51
gëhantêm	*c*onfitentib*us*	H XXIII 2
gëhantên	confitentibus	H XXIV 12
gëhemês	confitemur	H XXVI 1
gihit	confite*tur*	H XXVI 5
Judas	Juda	Ps 293, 10
Judea	Judaea	
dëra *iudea*	Judee	Luc 729, 7
iung Adj.	junges Tier; pullus	
iungi huaninchili	pullos	Luc 733, 42

K, CH, C, KW, (Q).

chamara st. F.	Kammer, Hof; aula	
chamara (g. sg.)	aule	H XXII 2
chamfheit st. F.	Heeresmacht; militia	
dëra chamfheiti	militie	Luc 731, 57
charchâri st. M.	Kerker; carcer	
in charchâre	in carcere	H I 11
charchâri	carcer	H I 12
erchaufen sw. V.	loskaufen, befreien; mercari, redimere	
archauftôs	mercatus es	H XVI 5
archaufit	redempta	H XXI 5
erchauftîs	redemeres	H XXIV 4
archaufte	redemptos	H XXIV 10
archauftôs	redemisti	H XXVI 9
chaufo sw. M. (voc.)	Erlöser; redemptor	H XXII 8
keisur st. M.	Kaiser; Caesar	
fona kheisure	a caesare	Luc 730, 9
chelih st. M.	Kelch; patera	
chelichâ	patheras	H VII 6
cheneht s. chnëht		
erchennen sw. V.	erkennen; cognoscere, agnoscere	
er*chant*ôn[1])	cognoverunt	Luc 732, 29
ni erchantôn	non cognoverunt	Luc 736, 25
archantemu	agnito	H XIX 8
keosan st. V.	wählen; verneint: nolle	
nichurît	nolite	Luc 731, 26
kêren sw. V.	abwenden; declinare	
*chê*rante	*declinan*tes	Ps 296, 29

---

[1]) kesehante er ton St., kesehante gehört zu videntes, s. Anm. zum Text und sëhan Glossar.

Cerubyn	Cherubim; cerubin	H VII 7
		XXVI 2
chetinna st. F.	Kette; catena	
chetinnu (d.)	catena (abl.)	H XIX 2
chind st. N. M.	Knabe, Sohn, Kind; puer, filius, infans, natus	
chind dĕze	puer iste	Luc 729, 20
chindh	filium	Luc 730,47
chindh	infantem	Luc 731, 47; 732, 25
fona chinde	de poero	Luc 732, 33
chind	puer	Luc 732, 66
chind	fili	Luc 737, 9
chindo	nator*um*	H I 5
suni khind[1]	filios	Ps 294, 21
kiosan s. keosan		
chiricha sw. F.	Kirche; ecclesia	
chirichôno	ecclesiar*um*	H XXII 2
chlâwa st. F.	Klaue; ungula	
chlâuuôn	ungulis	H XXII 4
zuachlîban st. V.	anhangen; adhaerere	
zua clîbante	adherentes	H XIII 3
zua chlîbantan	adherentem	H XX 4
chlimban st. V.	ersteigen; scandere	
chlimbantêr	scandens	H II 3
chlochôn sw. V.	klopfen; pulsare	
hlochônte[2]	pulsantes	H I 9
chnëht st. M.	Knabe, Soldat; puer, miles	
chenëht	puer	Luc 736, 24
chnëhtâ	milites	H XXII 2

---

[1] steht über suni Hs., s. St. A 11, in meiner Photokopie nicht mehr sichtbar.

[2] hlochonte Hs., chlochonte Siev. Text und Index S. 74, hlochonte Anm. zum Text S. 30, vgl. Baes. Lichtdr. 31, 20.

chneo, chniu st. N.[1]	Knie; genu	
chniu (a. sg.)	genu	H II 6
chniu (a. pl.)	genua	H XXIII 2
chorôn sw. V.	kosten; gustare	
chorônto	gustando	H XXI 2
kachorôn sw. V.	versuchen; adtemptare	
kachorôe	adtemptet	H XVIII 2
chortar st. N.	Herde; grex	
chortar iro	gregem suum	Luc 731, 10
chorunga st. F.	Prüfung; temptatio	
chorungo (d.)	temptatione	H II 10
chraft st. F.	Kraft; virtus, Pl.: vires	
creftim	viribus	H VII 4
crefti[2]	virtutis	H XI 1
chrefti	virtutis	H XII 2
chrefti	virtute	H XIII 3
chreftim	viribus	H XIX 2
chrefti (a).	vires	H XXIV 9 XXV 4
in creftin	in virtutibus	Ps 293, 20
craft	virtutem	Ps 293, 24
untarchrësan st. V.	beschleichen; subrepere	
untar chrëse	subrepat	H XV 4
untarchriffen s. G[3]		
chripia sw. F.	Krippe; praesepium	
in chripiûm	in praesepium	Luc 730, 55

---

[1] fehlt Siev. Index S. 74, genu chniu S. 98.
[2] ti nicht mehr lesbar, vgl. Baes. Lichtdr. 33, 14.
[3] Simplex gripfen, kriffen sw. V. I.

christ st. M.	Christus, Jesus	
christes	christi	H I 6 II 4 VIII 1 X 1
		XIII 3 XIX 10 XXII 6
christ (a.)	christum	H I 11 XX 4 XXIII 4
christ (voc.)	christe	H I 12; 12 VIII 4
		XVI 1 XIX 11
christ (n.)	christus	H III 6 XVII 1
		XXI 4; 6
christe	christo	H IV 6 VIII 10 XXI 1
		XXIII 1
criste	christo	H V 5
criste	christo	H VI 7
crist (voc.)	christe	H VII 1
*christ*an	christum	H XIX 9
*christ*es	christi	H XXII 1
*christ*e	ih*e*su	H XXIII 1
*chr*ist	christus	H XXVI 6
chrûzi st. N.	Kreuz; crux	
crûcez	crucis	H VI 3 VII 1
chrûzes	crucis	H X 2 XII 2 XXI 2
chrûci	crucem, –m	H XX 3 XXIV 7; 9
chumft st. F.	Ankunft; adventus	
chumfti	adventui	H I 8 IV 2
chumftîg Adj.	kommend, künftig; venturus	
chu*m*ftîgêr	venturus	H I 7
chumftîges rîches	venturi regni	H I 13
chumftîgêr	venturus	H VI 1 XXVI 8
chund Adj.	bekannt; notus	
chundêm	notos	Luc 736, 39
cunt Luc s. comman cunt und chunni		
forachunden sw. V.	vorher verkünden; pronuntiare	
fora cundenti[1])	*p*ronuntians	H XVIII 1

---

[1]) cundenti Siev. Text, chundenti Index S. 75.

chundo sw. M.	Engel; angelus	H I 3
chuninc st. M.	König; rex	
chuninc (voc.)	rex	H I 13 VI 5 XIX 11 XXVI 6
chuninc (n.)	rex	H XIX 2 Ps 293, 10
cuninc[1]) (voc.)	rex	H XXIV 1
chunni st. N.	Geschlecht; gens, genus, tribus, masculum (masculinum)	
comman cunt chuni	masculum (*inum*)	Luc 733, 26
fona chunne	de tribu	Luc 735, 25
chunnu*m*	· gentib*us*	H VII 2
chunnes	generis	H XXIV 3
nichurît s. keosan		
churt Adj.	kurz; brevis	
churteru (d.sg.f.)	brevi	H XX 3
chussen sw. V.	küssen; osculare	
chussant	osculant	H XIX 7
qhuëdan st. V.	sagen; dicere, inquam, ait	
chu*uë*danti	dicentes	Luc 729, 16
*chuua*dh, *chuua*d	dixit, ait	Luc 731, 23; 734, 28; 735, 2; 737, 6; 16
*chuuëdan*tero	dicentium	Luc 731, 61
kechuuëtan uuas	dictum est	Luc 732, 31
*k*echuuëtan *uua*s	dictum est	Luc 733, 37
kechuuëtan uuârun	dicta erant	Luc 732, 38
*k*echuuëtan	dictum e*st*	Luc 732, 57
chuuam *chuua*dh	venit	Luc 734, 7
kechu*uë*tan *uuâ*run	dicebantur	Luc 734, 54

---

[1]) cuning Siev. Text S. 52 und Index S. 75, cuninc Hs., s. Baes. Lichtdr. 28, 1.

chuuadh	venit	Luc 737, 37
chuuëdêm, chuëdê*m*	dicam*us*	H I 1 IX 4
quuhad	inquam	H II 8
chuëdê*m*	dicamus	H XII 1
chuëdente	dicentes	H XIII 1
chuuëdan	dicere	H XIX 7
quhëdentên	dicentib*us*	H XXIII 1
foraqhuëdan st. V.	vorhersagen; praedicere	
fora chuuidit	predicit	H XIX 6
wëlaqhuëdan st. V.	segnen; benedicere	
uuëla quhëdemês	benedicim*us*	H XXVI 12
widarqhuëdan st. V.	widersprechen; contradicere	
uuidar chu*uëtan*	contradicitur	
ist		Luc 735, 10
wolaqhuëdan st. V	segnen; benedicere	
uuolaquëdemês	benedicimus	Ps 295, 2
qhuëman st. V.	kommen, ankommen; venire, advenire, praevenire	
chuuâmun	venerunt	Luc 732, 21
chuuam dh[1])	venit	Luc 734, 7
chuuëmanti	(astans)[2]) *veniens*[3])	Luc 735, 50
*chuuâ*mun	venerunt	Luc 736, 33
chuuadh[1])	venit	Luc 737, 37
chuëmentemu	advenienti	H I 10
chuâmi	venisti	H VI 4 VII 9
qhuam	p*r*evenit	H XX 3

---

[1]) fälschlich dh, s. bei qhuëdan.
[2]) astans nicht glossiert.
[3]) *veniens* vom Glossator, s. Text mit Anm.

azqhuëman st. V.   ankommen; advenire
   az quhëme   adveniat   H II 7
erqhuëman st. V.   erstaunen; stupere
   erchuuâmun   stopebant   Luc 736, 54
chuuëna sw. F.   Frau, Ehefrau; uxor, mulier
   chuuënûn   uxore   Luc 730, 33
   chuuënôm   mulieri*bus*   H XIX 6
chuëran st. V.   seufzen; gemere
   chuëre   gemat   H XX 8
keqhuit st. F.   Edikt; edictum
   kechuuit   edictum   Luc 730, 8

L.

keladôn sw. V.   rufen; advocare
   kaladônti   advocans   H XV 3
lâgôn sw. V.   nachstellen; insidiari
   lâgônte   insidiantes   H XVI 5
lahhan st. N.   Tuch, Windel; pannum, velum
   lachanum, -ū   pannis   Luc 730, 50; 731, 48
   lachan   velu*m*   H XXIV 8
lâchi st. M.   Arzt; medicus   H XXIV 14
lam Adj.   lahm; debilis
   lamo (a. pl. f.)   debiles   H XIII 3
lamb st. N.   Lamm; agnus
   lambes, *lamb*es   agni   H I 5 XII 2 XXI 1
   lamp   agnus, ag*nus*   H VII 10 XXI 4
kelang Adj.   verwandt; cognatus
   untarkelangêm.   inter cognatos
   kelangē   Luc 736, 37

lantscaf st. F.	Landschaft; regio	
in lantscafi	in regione	Luc 731, 4
kelauba st. F.	Treue, Glauben; fides, credulitas	
kalauba	fides	H III 5; 6; 7 VI 3 XV 5
kilauba	fides	H V 5 XXV 6
dëra ca-(ka-)lauba	fidei	H VI 6 XV 2
ka*lau*pa, kalaupa	fidem	H VIII 4 XX 2
kalaubu	credulitate	H VIII 8
kalaubu	fide	H X 1 XX 3
kelauba	fides	H XXII 6
thëra kelauba	fidei	H XXIV 9
kelauben sw. V.	glauben; credere	
calaupit ist	credit*ur*	H I 7
kalaupantero	credentium	H I 12
kalaupemês	credimus	H X 1
kala*u*pit pist	crederis	H XVI 1
keloubentero	credentium	H XXII 6
kelaubemês	credimus	H XXIV 5
calaupentê*m*	credentibus	H XXVI 7
za kelaupanne pist	crederis	H XXVI 8
kalaubîg Adj.	gläubig, treu; fidelis	
ka*lau*bîge	fideles	H II 8
kalaubîgemu	fidele	H IV 6
kalaubîgeru (g.pl.m.)	fideliu*m*	H VIII 3
kala*u*bîgên	fidelibus	H XII 2
laugenen sw. V.	leugnen; negare	
laugenente (a.pl.)	negantes	H XXV 5
laugîn Adj.	flammend; flammeus	
laugînêm	flammeis	H II 3

lâzzan st. V.	lassen; sinere	
ni lâzzês	ne siveris	H II 10
pilâzzan st. V.	zugestehen; ignoscere	
pilâz	ignosce	H XXIV 12; 12
farlâzzan st. V.	lassen, verlassen; linquere, relinquere, dimittere, deserere	
farlâz	dimitte	Luc 734, 30
farlâzzan ist	linquitur	H II 4
farlâzzit	deserit	H II 4
farlâz	remitte	H II 9
farlâzzemês	remittimus	H II 9
ferlâzit	desserit	H XXV 3
nifarliez	non *dimisit*[1])	Ps 296, 23
intlâzzan st. V.	weichen, befreien; cedere, relaxare	
intlâzit	cedet	H IV 2
intlâze	relaxet	H XV 1
lëbên sw. V.	leben, Part.: lebendig; vivere, vivus	
lëbata	vixerat	Luc 735, 31
lëbêmês	vivim*us*	H X 1 Ps 295, 1
lëpên	vivere	H XIX 7
lëpêmês	vivim*us*	H XXI 2
lëbênte	vivos	Ps 295, 30
leidlîchên sw. V.	erschrecken; horrere	
leithlîchêtôs	*h*orruisti	H XXVI 6
leiten sw. V.	führen; ducere	
leittê*m*	ducamus	H IV 6
leitêm	ducamus	H VIII 10
kaleittê*r*	ductus	H X 2

---

[1]) relinquet dominus Vulg., s. St. A 3.

keleiten sw. V.	führen; deducere	
kileittit	deducet	Ps 293, 15; 16
inleiten sw. V.	hineinführen; inducere	
inlei[1])	ind*u*cerint	Luc 734, 11
in caleitit	induci	H II 10
zualeiten sw. V.	hinführen; adducere	
zuakeleite	adducet	Ps 296, 30
leitid st. M.	Führer; dux	
leitid	ducem	H VII 11
leitidâ	duces	H XXII 2
leoht st. N.	Licht; lumen, lux	
lehot	lumen	Luc 734, 45
leoht (n.)	lumen, lum*en*	H II 1; 5 XVI 1
leohtes	lucis H II 1; 5 III 1 IV 1; 1 VI 3	
		XVI 1 XIX 1
fona leohte	de luce	H III 1
leoht	luc*em*	H III 1 XIV 4
leoht (voc.)	lux	H III 1 IV 1
leoht (n.)	lux	H VIII 3 XV 2 XVI 1
leohtes	luminis	H III 1 VI 1 VII 7
leohte	luce	H VIII 1 XII 3
leoht (a.)	lumen	H IV 2 V 1 XVI 1
leohte	lumine	H VIII 3 XIV 1 XX 1
leoht (n. pl.)	lumina	H XXII 2
lioht (n.)	lux	H XXV 2
lioht (voc.)	lux	H XXV 8
leohten sw. V.	erleuchten; inluminare	
liuhtanti[2])	inluminare	Luc 729, 55
leohtantêr	inluminans	H III 1

---

[1]) inlei*ttun* St.
[2]) Ergänzung Hoffmann.

kaleohten sw. V.	erleuchten; inluminare	
kaliuhte	inluminet	H XV 2
inleohten sw. V.	erleuchten; inluminare	
inleohtantêr	inluminans	H XX 2
leohtfaz st. N.	Lampe; lampas	
liotfaz	lampadas	H I 8
leohtkar st. N.	Lampe; lampas	
leotkar	lampadas	H I 9
farleosan st. V.	verlieren; perdere, perire	
farloranaz (scâf)	perditam (ovis) H X 2	
farloranan	perisse	H XX 8
lêren sw. V.	lehren; docere	
lêrit	docet	H IX 2
kelësan st. V.	sammeln; colligere	
kelisit	colegit[1])	H XXV 4
arlesken sw. V.	auslöschen; extinguere	
arlasctiu (leotkar)	extinctas (lampadas)	H I 9
lewinna sw. F.	Gießbach; torrens	
leuuinnûn	torrentem	Ps 296, 1
lîp st. M.	Leben; vita	
lîp	vitam, vitam	H V 4 XX 4; 6
		XXII 3
lîbes	vite	H VI 7 XI 3 XXII 5
		XXIV 11
in..lîbe	in..vita	H XVII 3
lîp	vita	H XX 7; 7
lîpcs	vite	H XXI 5
pilîban st. V.	bleiben; remanere	
pileip	remansit	Luc 736, 23
pilîbant	remanent	H I 9
lîd st. N.	Trank, Becher; potus, poculum	
		H III 6 VIII 7

---

1) l. colligit

kelîdan st. V.	weichen, fortgehen; discedere, abscedere	
nikeleid	non discedebat	Luc 735, 40
kalîde	abscedat	H XIV 4
lickan st. V.	liegen; iacere	
lickante	iacentes	H XXV 5
farlîhan st. V.	darbringen, geben; praestare	
farlîhant	praestant	H VII 5
farlîhc	presta	H VIII 10
kalîh Adj.	gleich, ähnlich; similis	
kalîchas (antlutti)	similem (vultus)	H XXIV 2
lîhhamhaft Adj.	körperlich; corporeus	
lîchanaftemu	corporeo	H XIX 9
lîhamilo sw. M.	Leib; corpusculum	H XXI 2
lîhhamo sw. M.	Leib, Fleisch; corpus, caro	
lîchamin	corpore	H II 8 XVI 6
lîhamin	corpore	H III 5 IV 6 XV 3 XVII 1 XX 4
lîhamun (a. pl.)	corpora	H XV 1
lîhamon (a. pl.)	corpora	H XVIII 4
lîhamo	caro	H XXI 4
lîchamin	corporis	H XXII 3 XXIV 3
lîchên sw. V.	gefallen; placere	
lîchênte	placentes	H VIII 10
kalîchisôn sw. V.	angleichen; simulare[1])	
kalîchisôtiu (n. sg. f.)	simulata	H VIII 8
kilîhnissa st. F.	Bild, Gestalt; imago, forma	
kilîhnissa	imaginis	H XXIV 2
kilîhnissa	formam	H XXIV 3

---

[1]) l. similare; vgl. B, Ausg. Daab, ATB 50, S. 177 und 297.

kalimfan st. V.	passen; conpetere	
kalimfanti	conpetens	H VIII 7
lioht, liotfaz s. leoht, leohtfaz		
liuhten, ka-, *liuhtan*ti s. leohten		
farliusan s. farleosan		
liut st. M. N.	Volk, Leute, Israel; populus, plebs, israhel	
liut*eo*	populorum	Luc 734, 44
israhel liut	isra*hel*	H I 6
in..liute	in..populo	H XVII 2
liut	plebs	H XXI 5
liut	populu*m*	H XXI 7 XXVI 11
lob st. N.	Lob, Hymnus; laus, hymnus	
lop	laudes	H I 1 V 3 IX 4 XII 1 XIX 11 XXII 1 XXIII 1
lobum	laudibus	H I 13
lop	laus	H VI 5 XXV a
lopum	laudibus	H IX 1 XIX 1
lob	laudes	H XIII 1
lop	ymnu*m*	H XXIV 12
lobhaft Adj.	lobenswert; laudabilis	
lobaft*êr*	laudabilis	H XVII 2
loblîh Adj.	lobenswert; laudabilis	
loplîchiu (n.sg.f.)	laudabilis	H XXVI 4
lobôn	loben, preisen; laudare, magnificare	
lobôntero	laudantium	Luc 731, 59
lobônte	(magnificantes) laudantes	Luc 732,52[1])

---

[1]) s. für die gesamte Glosse Text mit Anmerkungen.

158

za lobône	laudanda	H I 2
lobômês	laudamus, *-us*	H I 12 VII 12
		XXVI 12
lobônt	laudant	H VII 5
*lobô*mês	laudam*us*	H XXVI 1
lobô*t*	laudat	H XXVI 4
lobônt	laudabunt	Ps 294, 26
samant lobôn sw. V.	loben; conlaudare	
samant lobônte	conlaudantes	H I 11
lopsanc st. M.	Lobgesang; *h*ymnus	H XXV a
lohazen sw. V.	rötlich werden; rutilare	
lohazit	rutilat	H XIX 1
lôn st. N. M.	Lohn; praemium, munus	
lône	p*r*emio[1]	H XI 3
lône	premio	H XX 3
lônâ (n. pl.)	premia	H XXI 5
êuuîge[2]..lôn	aeterna..munera	H XXII 1
lônâri st. M.	Vergelter; remunerator	H XXIV 15
lônôn sw. V.	belohnen, vergelten; munerari	
lônôt *uuësan*	munerare	H XXVI 10
erlôsen sw. V.	befreien, erlösen; liberare, solvere, eripere, redimere	
arlôsi	libera	H II 10
arlôste	solvit	H X 3
arlôstêm	solutis	H XIX 4
arlôse	solvat	H XX 6
za arlôsanne	ad liberandum	H XXVI 6
erlôsi	libera	Ps 295, 16
arlôsta	liberavit	Ps 295, 20

---

[1] p̄mia Hs.
[2] a. pl. m.

erlôsta	eripuit	Ps 295, 24
erlôsta pirumês	liberati sumus	Ps 296, 11
erlôsit	redimet	Ps 297, 25
erlôsida st. F.	Erlösung; absolutio, redemptio	
arlôsida	absolutio	H XX 2
erlôsida	redemptio	Ps 297, 23/24
	(s. urlôsida Luc)	
lôz s. hlôz		
lucci Adj.	trügerisch; fallax	
luccêr	fallax	H XV 3
lucci	fallax	H XV 4
pilûchan st. V.	verschließen; claudere, concludere	
pilohaneru (turî)	clausa (regia)	H I 9
pilûchanti	concludens	H XIV 2
pilochanêr	clausus	H XIX 3
inlûchan st. V.	aufschließen, ausbreiten; pandere	
inlûchis	pandis	H II 1
intlûhhan st. V.	öffnen; aperire	
intlohhan ist	apertum est	Ps 294, 4
lûzzên sw. V.	verborgen sein; latere	
lûzzêntero	latentium	H XXIV 14
luzzil Adj.	klein	
fona luzzilemu kascrîbe	a chirographo	H X 3
luzcile (a. pl. m.) (uuîhta)	pussilis (benedixit)	Ps 294, 17
luzcila	parvulos	Ps 295, 19

M.

magad st. F.	Jungfrau; virgo	
magadi (n.pl.)	virgines	H I 8
fona magidi	ex virgine	H XXIV 5
thëra magidi	virginis	H XXVI 6[1])
magathheit st. F.	Jungfräulichkeit; virginitas	
fona magahtheiti	a virginitate	Luc 735, 34
magan Prät.-Präs.	können, vermögen; posse	
maganti	potens	H II 5
magantiu (n.sg.f.)	potens	H II 5
mak	potest	H XX 6
megi	possit	H XXIV 10
mac	potest	H XXIV 13
magister st. M.	Lehrer; magister	
magistres	magistri	H XIII 2
mahalen sw. V.	sich vermählen; sponsare	
kemahaltera	punsa[2]) sponsata[3])	
		Luc 730, 33
kamachadi N ?[4])	Verbindung; consortium	
kamachadiu[5])	consortio	H XXII 8
kimachida st. F.	Gemeinsamkeit; contubernium	
thurah..kimachida	*per*..*contubernium*	H XXIV 4
kemachôn sw. V.	verbinden, passend machen; iungere, coniungere	
kemachôês	iungas	H XXII 8
kimachôtîs	coniungeres	H XXIV 4

---

1) fehlt Siev. Index S. 78.
2) spunsa = sponsa.
3) vom Glossator
4) kamachadî f. Siev. Index S. 79.
5) ds. Siev. Index S. 79.

mahtîg Adj.	mächtig; potens	
mahtîgêr[1]	potens	H II 5
mahtîgera (g. sg. f.)	potentis	H III 3
mahtîgêr	potens	H VI 3
man st. M.	Mann, Mensch; homo, vir	
mannum	hominibus	Luc 732, 5
man	homo	Luc 733, 46; 50
mane[2]	viro	Luc 735, 33
man	homine*m*	H XXIV 2; 4
mannan	homine*m*	H XXIV 7 XXVI 6
dës mannes	hominis	Ps 293, 23
manno	hominum	Ps 294, 25
man	homines	Ps 295, 29
manag Adj.	viel; multus	
managero	multorum	Luc 735, 8
er managêm hërzôm	multis cordibus	Luc 735, 18
managêm	multis	Luc 735, 30
manege	multos	H XXIV 8
managî sw. F.	Menge; multitudo	
manakî	multitudo	Luc 731, 55
managî	multitudo	H VII 6; 11
manalîcha st. F.	Bild; imago	
manalîcho[3]	imago	H XV 4
farmanên sw. V.	verachten; spernere	
farmanênte	spernentes	H I 6
fermanêntê*m*[4]	spretis	H XXII 3

---

[1] fälschlich n. sg. m. statt f.

[2] vorn abgeschnitten, von m steht noch der dritte Strich, für *gōm* war kein Raum, est stand nur *mane*.

[3] n. pl. ? Siev. Index S. 79 mit Fragezeichen.

[4] l. fermanêtêm.

mannaskîn Adj.	menschlich; humanus	
mannaschînes	humani	H XXIV 3
Mana*sses*	Manasse; man*asses*[1])	Ps 293, 8
mâno sw. M.	Mond; luna	
mânun	luna*m*	H V 1
manôn sw. V.	ermahnen; admonere	
manôt	admonet	H I 1 IX 1
mâren sw. V.	berühmt machen; (diffamare), divulgare[2])	
kemârit *uuâ*run	difulgabantur[2])	Luc 729, 8
Maria	Maria	
mit mariûn	cum maria	Luc 730, 32
mariûn	mariam	Luc 732, 24
ze *mariûn*	ad mariam	Luc 735, 3
marcha st. F.	Grenze; terminus	
marchôm	te*r*minis	H XIII 1
meginchraft st. F.	Hoheit, Würde; maiestas	
thëra meginchrefti	magestate	H XXVI 3
meginchrefti	magestatis	H XXVI 5
meistar st. M.	Lehrer; magister, doctor	
meistro	magistrorum doctorum	Luc 736, 51
meisto Adj. Superl.	du größter; maxime	H VII 1
mëldên sw. V.	melden; prodere	
kamëldêtiu (n. sg. f.)	prodita	H XIII 2
menden sw. V.	sich freuen; gaudere	
*mand*ta	gaudebat	H I 5

---

[1]) Ergänzung St., s. A 4.
[2]) s. Text mit Anm.

mendî sw. F.	Freude; gaudium	
mendî (a.)	gaudium	Luc 731, 30
mendî	gaudio H I 8[1]) XIX 9 XXII 7[2])	
mendî (n.)	gaudia	H IV 4
mendînum	gaudiis	H XV 3
in..mendî	in..gaudio	H XXI 7
meri st. N.	Meer; mare	
meres	maris	H XXI 1
mêro Kompar.	größer; maior	
mit mêrôn	cum maioribus	Ps 294, 17/18
metolôdi s. mittilôdi		
mëz st. N.	Maß; modus	
thiu mëzu (instr.)	quemadmodum	H XXVI 15
mëzzan st. V.	messen; dimetiri	
mizzu	dimetiar	Ps 293, 5
mîdan st. V.	meiden; vitare	
mîdêm	vitemus	H V 4
michil Adj.	groß, Pl.: hohe Dinge; magnus mit sô: tantus	
forahtûn michilleru	timore magno	Luc 731, 21
michila (a.) (mendî)	*magnum* (gaudium)	Luc 731, 31
mihileru..mendî	magno..gaudio[1])	H I 8
sô michiles	tanti	H XII 3
in mihilêm	in magnis	Ps 298, 1
min Konj.	damit nicht; ne	H XVIII 2

---

[1]) gaidio Hs., s. Baes. Lichtdr. 31, 18.
[2]) menidi Siev. Index S. 79 mit Fragezeichen.

mîn Pron.	mein; meus	Luc 734, 38; 737, 26
		Ps 293, 6; 6; 10; 294, 2;
		295, 6; 8; 16; 21; 24; 25; 26;
		297, 8; 10; 16; 17; 29; 30;
		298, 4
minna st. F.	Liebe; caritas	
minna	caritas	H V 5 VIII 8 XX 6
		XXII 6
dëra minna	caritatis	H X 1
minnôn sw. V.	lieben; diligere	
minnônt	diligunt	H XVI 4
minnôtîn	*dili*gerent	Ps 294, 9
minnôta	*Dilexi*[1])	Ps 295, 5
mit Präp. mit Dat.	mit, in, bei; cum, in, apud Luc 729,	
und Acc.[2])	24; 730, 32; 731, 54; 733, 60;	
	735, 32; 736, 9; 737, 36 H II 6 VI 7	
	XIX 12 XXIII 3 XXIV 1; 16; 16	
	XXV a XXVI 10 Ps 294, 17/18;	
	297, 13; 22; 23	
mitti Adj.	mittlerer; medius, mit tag: meri-	
	dies	
mittera nahti	mediae noctis	H I 1
dëra naht mittera	noctis medie	H I 11
mitti tak	meridies	H III 7 XII 3
mittes takes	meridie	H XVII 1
mittilôdi st. N.	Mitte; medium	
inmetolôde	in medio	Luc 736, 50
Moab	Moab; moab	Ps 293, 10
morgan st. M.	Morgendämmerung; diluculum	
in morgan	diluculo	H III 7

---

[1]) nur D ist erhalten, die Glossierung ist deutsch und lateinisch zerstört, s. St. A 1.

[2]) für lat. apud (Ps 297, 13; 22; 23), mit Instrumentalis H XXIII 3.

morganlîh Adj.	Morgen-; matutinus	
..*k*ihaltidu[1]) mor- ganlîhera	*a custodia matutina*	Ps 297, 19
Moses	Moses	
dës movsenes	Mosi	Luc 733, 16
môten sw. V.	ermahnen; admonere	
môtit	admonet	H V 3
muadi Adj.	ermüdet; fessus	
muade.. lîhamun (a.)	fessa..corpora	H XV 1
muat..muadaz	mente*m*..fessam	H XV 2
armuait Adj. Part.	ermüdet; fessus	
armuate	fessos	H XIV 3
muas st. N.	Speise; cibus	
muas	cybus	H III 6
muaso	cyboru*m*	HVIII 4
muat st. N. M.[2])	Sinn; mens, animus	
muat (a. pl.)	mentes	H I 10
muat	mentem, mente*m* H III 5 VIII 7 XV 2; 4	
muat	mens H III 7 IV 4 IX 3 XVIII 3	
muate	mente, me*n*te, me*n*te H IV 6 IX 3 XXIV 5	
muates	me*n*tis	H V 2 VI 1
muat	animos	H IX 3
muatum	mentibus	H XIV 4
muatu*m*	me*n*tibu*s*	H XXII 1

---

1) Schmeller ergänzt *p*ihaltidu.

2) stn. Siev. Index S. 80, M.: muat unser IV 4, unfl.: irri muat IX 3.

muater st. F.	Mutter; mater	
muater	mater	Luc 734, 51
muater	mater	Luc 737, 8
uber muoter	super matre	Ps 298, 5
mullen sw. V.	zerstören; conterere	
mulis	conteris	H XXIV 9
farmullen sw. V.	zerreißen; conterere	
farmulitaz (seid)	contritus (laqueus)	Ps 296, 10
mund st. M.	Mund; os	
munde	ore	H VII 3
mundâ	ora	H XXV 8
mund	*os*	Ps 294, 3
muoter s. muater		
mûzzôn sw. V.	verwandeln; mutare	
mûzzônti[1])	mutans	H XX 3

N.

kenâda st. F.	Barmherzigkeit, Vergebung; misericordia, propitiatio	
*ken*âda	misericordia	H XXVI 15
kenâda	propitiatio	Ps 297, 13
kenâda	misericordia	Ps 297, 22
kenâden sw. V.	sich erbarmen; misereri	
kenâdit	miseretur	Ps 295, 18
kenâdîg Adj.	fromm, milde, barmherzig; pius, clementissimus, misericors	
kanâdige*ru* (prust)	pio (pectus)	H XI 1
kanâdîgôsto (voc.)	clementissime	H XIX 11
kenâdîgêr	misericors	Ps 295, 17

---

[1]) muzzonti Siev. Text, mŏzzonti Index S. 80.

kanâdilôs Adj. — gottlos; impius
  kanâdilôse — impii — H XIX 5
nâh Adj. — nah, der nächste; proximus
  nâhemu — proximo — H IV 2
naht st. F. — Nacht; nox
  dëra naht — noctes[1] — Luc 731, 9
  nahtes — nocte — Luc 735, 47
  nahti — noctis — H I 1
  dëra naht — noctis — H I 11[2]) II 4 XV 2; 3 XVI 1
  naht — noctem, noctem — H IV 1; 3 VIII 2; 3 XV 1 XVI 2 XVIII 1 XXV 1; 2
  naht — nox — H IV 2 V 2 XIV 3
  nahtim — noctibus — H V 1
  nahte — nocte — H XVI 2
  thëra naht — noctis — H XXIII 1 XXV 2; 8
  fona nahti — a nocte — H XXV 2
  uncin ce naht — usque ad noctem — Ps 297, 20
nahtlîh Adj. — nächtlich; nocturnus
  nahtlîchemo[3] — nocturno — H XXIV 12
  nohtlîch — nocturna — H XXV 2
nahtmuas st. N. — Nachtmahlzeit; cena
  za nahtmuase — ad cenam — H XXI 1
kinachatôtiu (n.pl.n.) — bloßgelegt; nudata — H XXII 5
nalles Neg. — nicht; non — Luc zwischen 730, 57 und 58 (t)[4]), Luc 733, 65 (*nalles*), Ps 294, 26 (nales)

---

[1]) noctis Glossator.
[2]) fehlt Siev. Index S. 80.
[3]) fälschlich d. sg. n. statt f.
[4]) fehlt St.

12*

namo sw. M.	Name; nomen	
*n*amo	numen[1])	Luc 733, 2
*n*amo	nomen	Luc 733, 48
namun (a.)	nomen	H II 7
namo	nomen	H VI 3
in namin	in nomine	H VII 9
*n*amun (a.)	nom*en*	H XXVI 12
namon[2]) (a.)	nomen	Ps 295, 14
in namin	in nomine	Ps 296, 12; 297, 3
namôn sw. V.	beim Namen rufen; vocare	
namôêm	vocem*us*	H III 3
nâtara sw. F.	Schlange; serpens	
nâtra	serpens	H XVIII 2
neigen s. hneigen		
nëman st. V.	nehmen; inducere, ferre, tollere	
nâmun	induxerunt tulerunt[3])	Luc 733, 17
nëme	tollat	H XX 5
nemmen, kinemmen sw. V.	nennen; vocare, invocare	
kenēmit uuas, *uuas*	vocatum est	Luc 733, 1; 5
kenemmit ist	vocabitur	Luc 733, 32
kinemmu	invocabo	Ps 295, 9
kinamta	invocavi	Ps 295, 15
neoman Pron.	niemand; nemo	
neomanne	nemini	H VIII 5
nioman	nemo	H XXIV 13
neonaltre Adv.	keineswegs; nequaquam	H XV 5
neoweht Pron.	nichts; nihil	
ce niuuuihti	ad nihilum	Ps 293, 25

---

[1]) l. nomen.
[2]) o < u korr. St. mit Fragezeichen.
[3]) s. Text mit Anm.

neozzan st. V.   benutzen, gebrauchen, Teil haben an etw.; sumere, consumere

neozzêm	sumamus	H XII 3
kanozzeniu[1]) (tôd)	consumpta (mors)	H XX 8

kenëstidi N.[2])   Nestgenossen

    zuuei kenëstidiu turturôno   par turturum   Luc 733, 40

ni Neg.   nicht; Verneinung in Zusammensetzungen und bei verneinten Verben und beim Imperativ; non, ne, mit inu: nonne, mit noh: neque Luc 731, 20; 735, 40; 736, 25; 40; 737, 23; 31 H I 4 II 3; 10 III 5; 7 V 4; 4 VIII 3; 5; 5; 7; 8; 9; XIV 4 XX 2 XXV 7 XXVI 6; 16 Ps 293, 18; 294, 2; 296, 5/6; 17; 23; 25; 297, 1; 29; 298, 1; 3[3])

ni Konj.   damit nicht; ne H VIII 4 IX 2; 3 XV 3; 4; 4 XVI 3 XVIII 4 XXIV 10

nidari Adj.   niedrig; humilis

    nidares[4])   humilis[5])   H VI 4

nîgan s. hnîgan

niheinêr Pron.   keiner; nullus   H XV 4

nioman s. neoman

nist   non est   Ps 296, 17; 297, 28

---

[1]) sc. tôd, Genus fälschlich dem Lateinischen nachgebildet.

[2]) s. Baes. Einf. § 77, 3 S. 143.

[3]) ni ist unsicher, s. St. A 1, vgl. Baes. Abr. Tafel VII.

[4]) gs. Siev. Index S. 80.

[5]) n. sg.

niunto Num.	der neunte; nonus	
niunta uuîla	nona*m*	H XIII 1
niuwi Adj.	neu; novus	
niuuêr	novus	H V 2
niuuan	nova*m*	H XX 6
niuuuihti s. neoweht		
noh, noc Konj.	und nicht; nec, neque	H IV 1; 4; 4; 5; 5; 5; 5 VIII 3 XVI 3 XVIII 4 Ps 294, 27; 297, 29; 298, 1; 1
nohtlîh s. nahtlîh		
nôt st. F.	Gewalt; vis	
nôti	vi	H XVIII 4
nôtnumft st. F.	Betrug; fraus	
nôtnunfti	fraudis	H III 5
nu Adv.	jetzt, also; nunc, ergo	Luc 734, 29 H II 6; 7 IV 4 VII 2 X 4 XIX 12 XXII 8 XXIV 16
fona nu	ex hoc nunc	Ps 295, 2/3
fona d*ëmo* nu	ex hoc *nunc*	Ps 296, 22
kenuhtsam Adj.	reichlich; copiosus	
kenuhtsamiu..	copiosa..redemptio	
erlôsida		Ps 297, 23

O.

opanôntîg Adj.	höchst; summus	
oponôntîges firstes	su*mm*i culminis	H VI 5
ôdouuîla Adv.	vielleicht; forte, forsitan	Ps 295, 30; 33; 296, 2
offarôn sw. V.	anbieten; offerre	
kaoffarôt ist	oblata est	H XXI 4

ôra sw. N.	Ohr; auris	
ôra	aurem	Ps 295, 7
ôrun	aures	Ps 297, 9
ortfrumo sw. M.	Urheber; auctor H V 1 XXI 7 (voc.	
ôstarlîh Adj.	Oster(freude); paschalis	
ôstarlîchero mendî	paschale gaudio	H XIX 9
hôstarlîcheru mendî	paschale gaudio	H XXI 7
ôstrûn sw. F. Pl.	Ostern; pascha	
hôstrûn[1])	pascha	H XXI 3
ôstrûn	pascha	H XXI 4
ôtmâli st. N.	Reichtum; divitiae	H VIII 9
ouh Konj. s. auh		

P.

pfad st. M.	Pfad; trames	
fade	tramite	H V 1
Paul	Paulus; paulus	H I 11
pëch st. N.	Hölle; infernus, tartara	
pëch	infernus	H XIX 1
pëches	inferni	H XIX 4
paech	tarthara	H XXI 5
Pêtar	Petrus; petrus	
peatres	petri	H XIII 2
pietres	petri	H XXV 4
porta sw. F.	Pforte; regia	
portûn	regia (abl.)	H I 9
prëdigôn sw. V.	predigen; praedicare	
prëdigônti	predicans	H XVI 1

---

[1]) dp. Siev. Index S. 81 mit Fragezeichen.

Qu. siehe KW.

R.

rad st. N.	Rad; rota	
radum	rotis	H II 3
radalîh s. hradalîh		
racha st. F.	Sache; res	
rachôno	rerum	H XXIV 1 XXV 1
karasentêr[1])	Angeklagter; reus	
karasentemu	reo	H XX 4
rauwa s. ruawa		
rëf s. hrëf		
refsen sw. V.	schelten; increpare, arguere	
refsit	increpat	H XXV 5
refsit	arguit	H XXV 5
rëht Adj.	recht, gerecht; iustus, rectus, mit eid: iusiurandum	
rëhtan eid	iusiurandum	Luc 729, 43
*rëht*êr	iustus	Luc 733, 52
rëhtêm	iustis	H I 4
rëhtêr	iustus	H XX 3 XXIV 15
		Ps 295, 17
rëhtero	iustorum	Ps 296, 24
rëhte	iusti	Ps 296, 25
rëhtêm	rectis	Ps 296, 28
reinen, reini s. hreinen, hreini		
reisan st. N.[2])	Knoten; nodus	
reisanum	nodis	H XX 7

---

[1]) oder râsên Siev. Index S. 81.
[2]) stn. Siev. Index S. 82 mit Fragezeichen.

reita st. F.	Wagen; currus	
reitâ[1])	currus	H II 3
rêo, arretten s. hrêo, arhretten		
reozzan st. V.	weinen; deflere	
reozzante	defflentes	H XXIV 12
restî sw. F.	Ruhe; requies	
in restî	in requiem	Ps 295, 21/22
reuun s. hreuwa, hriuwa		
entrîhan st. V.	enthüllen; revelare	
sîn entrigan entrihen[2])	revelentur	Luc 735, 16
rihten sw. V.	lenken; regere, dirigere	
*rih*tan	dirigen*dos*[3])	Luc 729, 57
rihte	regat	H III 5 VIII 9
rihtis	regis	H VI 2 XXV 1
rihtên	dirigant	H XIII 3
rihti	rege	H XXVI 11
arrihten sw. V.	aufrichten; erigere	
arrihctit	eregit	H V 2
kirihten sw. V.	verbessern; corrigere	
kirihti	corrige	H XXV 7
rihto sw. M.	Lenker; rector (voc.)	H VI 3
kerîchen sw. V.	besiegen; vincere, devincere	
karîhti	vicerit	H IV 3
karîchêm	vincamus, -*us*	H VIII 5
		XXIII 3; 4
karîchante	victo[4])	H XXII 3
kerîhtcmo	devicto	H XXVI 7

---

1) a. pl., nicht as. wie Siev. Index S. 82.
2) s. Anm. zum Text.
3) s. Anm. zum Text.
4) fälschlich victores Siev. Index S. 82.

rîchi st. N.	Reich; regnum	
rîhces	regni	H I 7
rîches	regni	H I 9; 13 XI 3
rîchi (n.)	regnum	H II 7
rîchi (a.)	regnum	H VI 2
in rîchi	in regno	H XX 3
rîchi (a. pl.)	regna	H XXVI 7
kerîsit	es kommt zu, geziemt sich; decet	
krîsit	decet	H XXV a XXV a
rôsfaro Adj.	rosenfarbig; roseus	
rôsfaruuemu	roseo	H XXI 2
rôsten sw. V.	rösten; torrere, Part. torredus	
karôstit	torredum	H XXI 2
rôt Adj.	rot; ruber	
rôtan	rubrum	H II 2
rôtes	rubri	H XXI 1
(ruaba), ruaua st. F.	Zahl; numerus	
ruaua	numerus	H VII 6 XXVI 4
ruauu	numero	H VII 12
ruaua	numerum	H XIII 1
ruaft s. hruaft		
ruacha st. F.	Sorge; cura	
ruachôm	curis	H XV 1
ruachôn	curis	H XV 3
ruachôno	curarum	H XV 5
ruaua s. ruaba		
(ruawa), rauua st. F.	Ruhe; requies	H XVI 2
karûni st. N.	Geheimnis; mysterium	
karûni (a.)	misterium	H XIII 2
karûni (n).	mysterium	H XX 5

S.

sâio sw. M.	Urheber; sator	H II 1
sâlîg Adj.	glücklich, selig; beatus	
sâlîgero	beatoru*m*	H VII 11
sâlîges	beati	H XII 2
sâlîgem	beatis	H XVI 1
sâlîgan (lîp)	beatam, -*m* (vita)	H XX 4
		XXII 3
salmo sw. M.	Psalm; psalm*us*	H VIII 9[1])
saman	zusammen; con-, simul	H I 13
		IX 3
samanôn sw. V.	sammeln; colligere	
samanôt	*colliget*	Ps 296, 35
samant[2])	zusammen; con-	
samant lobônte	conlaudantes	H I 11
samanunga, sa-*manunga* st. F.	Chor, Kirche; chorus, ecclesia	H XXV 3; 4 XXVI 5
sanc st. N.	Sang, Lied; carmen	
einemu..sange	uno..carmine	H VII 12
sarf Adj.	scharf, wild; asper, saevus	
sarfe	asperos	H III 4
sarfe	sevi	H XIX 5
sarfêm	sevis	H XXII 4
pisaufen sw. V.	verschlingen; absorbere	
pisaufta	absorbuisset	Ps 295, 34
forakesazto Part.	Vorgesetzter; praeses	
fona dëmu fo-rakesa*ztin*[3])	a praeside	Luc 730, 17

---

[1]) fehlt Siev. Index S. 82, ebenso S. 102.
[2]) fälschlich saman Siev. Index S. 82.
[3]) s. Anm. zum Text.

sëdal st. N.	Untergang; occasus	
sëdal ira (sunna)	occasum suum (sol)	H XIV 2
sëdalcanc st. M.	Untergang; occasus	
sëdalcanc	occasum	H XVIII 1
sëhan, kesëhan st. V.	sehen, anblicken; videre, cernere, respicere, adspicere	
kesëhemês	vedeamus	Luc 732, 14
kesëhante[1]	videntes	Luc 732, 28
(kesëhante er*chant*ôn	cognoverunt	Luc 732, 29)[2]
kesâhun	viderant	Luc 732, 56
kesëhan	visurum	Luc 733, 66
kesâhi	*vederet*[3]	Luc 734, 4
kesâ*hun*	viderunt	Luc 734, 37
kesëhente	videntes	Luc 737, 3
kasihis	vides	H VI 1
sihis	respicis	H VI 6
sëhêm	cernamus	H XIV 4
sih	aspice	H XVI 5
za kasëhenne	videndus	H XIX 6
kasëhante	videntes	H XIX 7 XX 4
sëhan	videre	H XIX 8
kasëhant	cernunt	H XIX 9
sëhanti	videns	H XXIV 13
kasih	respice	H XXV 7
kesëhanto	videndo	H XXV 7
kisihis	respicis	H XXV 7
sêher s. sêr		

---

[1] s. Anm. zum Text.

[2] kesehante steht doppelt, s. Anm. zum Text und erchennen mit Anm. im Glossar.

[3] s. Anm. zum Text.

sëhs Num. Pl. — je sechs; seni
  sëhsim — senis — H VII 7
sëhstuntôm — sechsmal; sexies — H XII 1
seid st. N. — Fallstrick, Schlinge; laqueus
  fona seide — de laqueo — Ps 296, 9
  seid — laqueus — Ps 296, 10
sêla st. F. — Seele; anima
  sêla — animam — Luc 735, 12
  dëra sêlu (g.) — anime — H XVI 6
  sêla — anima*m* — H XVIII 4
  sêla — anima — H XXIV 5
  sêla — animam — Ps 295, 16; 24
  sêla (voc.) — anima — Ps 295, 21
  sêla (n.) — anima Ps 296, 1; 3; 8; 297, 16;
  sêla (n.) — anima Ps 296,1;3;8;297,16;17
sëlbo Pron. — selbst; ipse, idem
  dëra sëlbûn (d.sg.f.) — eadem (abl.) — Luc 731, 5
  dînna sëlbes sêla — tuam ipsius animam
      Luc 735, 12
  dëra sëlbûn uuîlu — ipsa hora — Luc 735, 49
  sëlbaz (zît) — ipsum (tempus) — H I 7
  sëlbo — ipse — H II 5 XXIV 13
  ër sëlbo — ipse — H IV 1 XVII 2 Ps 293, 25
  sëlbiu (n.sg.f.) — ipsa — H XXV 4
selida sw. F. — Wohnung; tabernaculum
  selidôno — tabernaculorum — Ps 293, 5
sellen sw. V. — übergeben, überliefern; tradere
  kasalt ist — traditur — H II 8
  kiselit uuërdant — tradun*ur* — H XXII 4
umbisellen sw. V. — umgeben; circumdare
  umbiselitôn — circumdederunt — Ps 294, 6/7;
      295, 10

sêo st. M. — Meer; pontus
  sêuues — ponti — H XXV 4

sêr st. N.	Schmerz; dolor	
sêher	dolores	Ps 295, 10
sêher	dolorem	Ps 295, 13
sêr Adj.	schmerzlich, (betrügerisch); dolosus[1]	
zunga sêriu (n.)	lingua dolosa[2]	Ps 294, 5/6
sêrazzen sw. V.	Schmerz empfinden; dolere	
sêrazantiu[3]	dolentes	Luc 737, 14
sëz st. N.	Sitz; sedes	
sëzzes	sedis	H VI 6
sezzen, kesezzen sw. V.	hinstellen, festsetzen, anordnen, aufstellen, schaffen; ponere, sistere, statuere, reclinare	
saztôn	posuerunt	Luc 729, 12
kesazta	posuit reclinavit[4]	Luc 730, 53
kesaztaz	positum	Luc 731, 50; 732, 26
saztîn	sisterent	Luc 733, 19
kesaztêr ist	positus est	Luc 735, 5
kasezze	statuat	H XVI 3
kasezzento Part.	Schöpfer; constitutor	H VI 4
sibun stuntôn	siebenmal; septies	H IX 4
sibunto Num.	der siebente; septimus	
sipuntin[5] anasëdale	septimo[5] throno	H VI 4
sie Pron. Pl.	jene, sie (selbst); illi, ipsi, ei	
	Luc 730, 22; 731, 15; 19; 24; 732, 10; 31; 41; 58; 735, 1; 736, 52; 737, 17; 30; 33; 36	

---

[1] dolor und dolus verwechselt wie B (13) und (15), s. ATB 50, S. 10 A 13 und S. 11.

[2] abl. als nom. übersetzt wie 293, 1 als acc.

[3] auf Maria und Joseph zu beziehen.

[4] s. Anm. zum Text.

[5] sinpuntin Hs., anasëdale-throno, dsn. Siev. Index S. 83, anasëdal stn. mit Fragezeichen S. 62.

siganumftilîh Adj. siegreich; triumphalis

  siganumftilîches[1]   triumphales[1]   H XXII 2

sigesnëmo sw. M. Sieger; victor   H XXI 6

siginumft st. F. Sieg, Siegeszeichen; palma, vexillum

  siginumftim   palmis   H VII 11

  siginumft   vixillum   H XXIV 9

ubarsigirôn sw. V. besiegen; triumphare

  ubarsigirôt   triumphat   H XXII 6

sigouualto[2] sw. M. Sieger; victor   H XIX 3

sigufaginônt Part. über den Sieg frohlockend; triumphans   H XIX 3

sih Pron. se

  sih   se   Luc 734, 1 H XX 7; 8

  uuillit sih   volvitur   H XIV 1

Sileas Sileas; sileas   H I 11

simblîg Adj. fortdauernd, ewig; iugis, perennis, sempiternus

  ruafte simblîgemu   clamore iugi   H VII 7

  simblîgemu   perenni   H X 1

  simblîgan[3]   perenni[3]   H XXIII 3

  simblîgêr   sempiternus   H XXVI 6

simblum, simbulum Adv. immer; semper, iugiter   H I 1; 2 VIII 2; 9 IX 2 XVI 4 XVII 3 XXIII 3 XXIV 1; 10; 16

---

[1] auf wîc bezogen, triumphales duces lat.

[2] sigowalto Siev. Index S. 83 und 105, sigowalta Text, s. Nachträge S. 106.

[3] antheizza-votum.

sîn Pron.   sein; suus, eius   Luc 729, 26; 37; 733, 3; 12; 734, 24; 735, 4; 736, 2; 27; 737, 1; 8 H XIV 2 XVII 1 XIX 12 XX 7; 8 XXI 2; 4 Ps 293, 3; 295, 7; 296, 20; 21; 26; 34; 297, 16/17; 25/26; 298, 5/6

sindh st. M.   Weg; iter   Luc 736, 34

kasind st. M.   Weggenosse; comes

   kasinde   comite   H XVIII 3

kesindi st. N.   Weggenossenschaft; comitatus

   inkesinde ngesinde   in comitatu   Luc 736, 31

singan st. V.   singen; canere, cantare, psallere

   singêm   cantemus   H II 7

   singante   canentes   H IV 3[1]) XIII 1

   singêm   canamus, *-us*   H VIII 1 XXI 1 XXII 1

   singamês   psallimus, *-us*   H IX 1 XIII 1 XXIII 2

   singêm   psallamus   H IX 1; 3; 3 XIII 3

   si*n*gêm   canam*us*   H X 1

   singemês   canim*us*   H XXIV 12

   singantemo   canente   H XXV 4; 6

saman singan st. V.   gemeinsam singen; *concinere*   H I 13

Sion   Zion; sion   Ps 296, 17

Siraphin   Seraphim; syraphin   H VII 7 *XXVI 2*

Siria   Syrien; syria

   dëra sir*ia*   syri*ae*   Luc 730, 17

siu Pron. s. ër

siuh Adj.   krank; aeger

   siuchê*m*   egris   H XXV 6

---

[1]) fehlt Siev. Index S. 84.

kasiuni st. N.	Blick, Anblick; visus	
dës kasiunes	visui[1])	H XV 4
kasiune	visu	H XIX 9 XX 2
sizzan st. V.	sitzen; sedere	
sizantan	sedentem	Luc 736, 49
sizzis, sizis	sedes	H VI 4 XXVI 8
sizit	sedet	H XVII 2
pisizzan st. V.	besitzen; possidere	
pisizzi	posside	H XIX 11
pisizzant	possident	H XXII 3
scâf st. N.	Schaf; ovis	
scâf	ovem	H X 2
scaffôn sw. V.	schaffen; condere	
scaffôta	condidit	H VIII 2
kascaffôn sw. V.	schaffen, bilden; informare, plasmare	
kascafôe	informet	H III 4
kascaffôtôs	plasmaveras	H XXIV 4
cascaft st. F.	Geschöpf; creatura	H VII 4
scalch st. M.	Knecht, Diener; servus, famulus	
scalc	servum	Luc 734, 31
scalch*um*	servis	H VIII 4
scalchâ	famulos	H XIV 3 XVI 4; 5
*scalch*un	famulis	H XXVI 9
schalchilo sw. M.	Knecht; servulus	
schalchilun	servulos	H XXII 8
scato st. M.	Schatten; umbra	
sc*atuu*e[2])	umbra (abl.)	Luc 729, 56
scato	umbra	H II 4

---

[1]) als Gen. verstanden.
[2]) scue St., s. Anm. zum Text.

182

kasceffen st. V.	schaffen; plasmare	
kascuofi	plasmasti	H XXIV 2
sceffant st. M.	Schöpfer; conditor, creator	
sceffant	conditor	H XI 3
scepfant (voc.)	creator	H XXIV 1
sceffento Part.	Schöpfer; conditor, creator	
		H IV 1 VIII 2
scheffo sw. M.	Schöpfer; conditor	H I 7
untarsceidan st. V.	unterscheiden; discernere	
untarsceidis	discernis	H XV 1
sceitilo sw. M.[1]	Scheitel; vertex	
sceitilon	verticem	H II 3
kiskenten sw. V.	entstellen; confundere	
sî kiskentit	*confundar*	H XXVI 16
scepfant s. sceffant		
scîmo sw. M.	Glanz; radius, splendor, nitor	
scîmôn	radiis	H II 3
schîmo (voc.)	splendor	H III 1
scîmin	nitore	H III 2
scîmin	splendoris	H XII 3
scîmin	radio	H XIX 9
scînan st. V.	glänzen; fulgere, circumfulgere, micare, splendere, nitere	
*s*cein	circumfulsit	Luc 731, 18
scînantêr	micans	H III 2
scînantes	fulgentis	H V 1
scînanti	fulgens	H VIII 3
scînantêr	splendens	H XIX 4
scînit	nitet	H XIX 9

---

[1] sceitila sw. F. Siev. Index S. 84.

arscînan st. V.   glänzen; refulgere
   arskîn   refulge   H XXV 8
scirmanto Part.   Verteidiger, Schirmer; defensor
       H XVI 5

scirmen, kascirmen   schützen, verteidigen; protegere,
sw. V.   defendere
   kascirmtêr   protectus   H I 5
   kascirmte   defensi   H I 6
   scirme   protegat, p*ro*-   H III 8 XVI 4
   scirmi   defende   H XVI 2
   kascirmte   protecti   H XXI 3
   kascirmi   defendas   H XXI 7
scirmo sw. M.   Schützer; defensor   H XVI 6
scl- s. sl-
scolo sw. M.   Schuldner; debitor
   scolôm   debitor*ibus*   H XXIV 11
scônî sw. F.   Glanz; nitor, candor   H V 2 VI 1
scôni Adj.   leuchtend; splendidus
   scônniu (a. pl. n.)   splendida   H XI 3
kascônôn sw. V.   schmücken, Part. leuchtend weiß;
     ornare, Part. candidatus
   kascônnôta   ornavit   H XI 3
   kascônnôt   candidatus   H XXVI 4
kescrip st. N.   Beschreibung; professio, descriptio,
     (chiro)graphum
   kescrip   professio discriptio[1]) Luc 730, 14
   fona luzzilemu kascribe   a chirographo   H X 3

---

[1]) s. Anm. zum Text.

13*

scrîban st. V.	schreiben; scribere	
*kescri*ban ist	scriptum est	Luc 733, 22
sculd st. F.	Schuld; debitum	
sculdi (a. pl.)	debita	H II 9 IX 4
sculdîg Adj.	schuldig; debitus, reus	
sculdîgiu (lop)	debitas (laus)	H XIII 1
		XIX 11 XXII 1
sculdî*ge*	reos	H XVI 3
kescuoi N.[1]	Schuhe; calcia*mentum*	Ps 293, 12
ferscurgen sw. V.	zurücktreiben; repellere	
		H XXIV 10
widarscurgen sw. V.	zurückstoßen; repellere	
uuidar scurge	repellat	H XVIII 3[2]
arscutten sw. V.	vertreiben; discutere	
arscuti	discute	H XXV 8
slâf st. M.	Schlaf; somnus, sopor	
haft*er* slâfe	post somnum	H VIII 1
slâf[3]	somnu*m*	H XV 1
sc*l*âf	sopor	H XV 2
slâf	somnus	H XV 5 XVI 3
sc*l*âf	somnu*m*	H XVI 4
duruh sclâf	*per* somnu*m*	H XVIII 4
slâf	somnum	H XXV 8
slâfan st. V.	schlafen; dormire	
slâfe	dormiat	H XV 5
slâffantero	dorm*ientium*	H XXIV 8

---

[1] zu scuoh st. M.
[2] fälschlich uuidarscurge wiederholt Siev. Index S. 85.
[3] ns. Siev. Index S. 85.

slâfilîn Adj.	schläfrig; somnolentus	
slâffilîne	somnolentos	H XXV 5
slâfrag Adj.	schläfrig; sopitus	
tac slâfragan	diem sopitum	H II 4
slag st. M.	Schlag; plausus	
slegim	plausibus	H VII 7
slahan st. V.	schlagen, strafen; punire	
sclahan	punire	H I 4
slahta st. F.	Tod; nex	
fona sclahtu	de nece	H XIX 5
slahtôn sw. V.	opfern; immolare	
kasclactôt	immolatus	H XXI 4
slëffar Adj.	schlüpfrig; lubricus	
sunta..slëffara	culpam..lubricam	H III 3
slëffarî sw. F.	Schlüpfrigkeit; lubricum (a. sg.)	
		H V 4
slegim s. slag		
slëht Adj.	freundlich, schmeichelnd; blandus	
sclëhtêm	blandis	H IV 4
slëctera (anluzzi)	blandior (vultus)	H V 3
slëctêr	blandus	H XV 3
slëhtemu (wort)	blando (sermo)	H XIX 6
slîfan st. V.	hineingleiten; (in)labi	
inslîfanne	inlabere	H III 2
pisliffen sw. V.	ausgleiten; labi	
pisliftên	lapsis	H XXV 6
pislifte	lapsi	H XXV 7
farslintan st. V.	verschlingen; devorare, deglutare	
farslinte	devoret	H XX 7
farslintant	deglutissent	Ps 295, 30

slip st. M. — Ausgleiten; lapsus

fona slippe[1]) — a lapsu — Ps 295, 26

untarsliufan st. V. — sich einschleichen; subrepere

untar sliufên — subrepant — H IV 4

snëllîcho Adv. — rasch; strenue — H XXV 5

umbisnîdan st. V. — beschneiden; circumcidere

umbisnitan uuâri — circumcideretur — Luc 732, 64

sô Adv., Konj. — denn, wie, so; etenim, ut, sic, velut, sicut, mit michiles: tanti, mit horsco: quantotius — Luc 729, 21; 735, 56; 737, 10 H II 9 III 7; 7 IX 2 XII 3 XVIII 1 XIX 6

sola sw. F. — Sohle; planta

solûn — plantas — H XIII 3

sorgênte Part fl. — besorgt; solliciti — H IX 2

sôsô — wie; sicut — Ps 296, 8;16

spâhida st. F. — Klugheit; sapientia

follêr spâhida — plenus sapientia — Luc 736, 5

spano sw. M. — Verlocker

hupilo spano — malesuada — H VIII 9

sparo M. — Sperling; passer — Ps 296, 8

speicha sw. F. — Radspeiche; rota

speichôn — rotis — H II 3

---

[1]) Baes., Beitr. 69, S. 408.

intspenen sw. V.	entwöhnen; ablactare	
*int*spenitaz[1])	*abl*actatum	Ps 298, 5
intsperren sw. V.	aufsperren; reserere	
intsperranti	reserens	H XXI 6
spor st. N.	Spur; vestigium	
spor (a. pl.)	vestigia	H XXIV 13
spratta sw. F.	Regel; regula	H XIII 2
sprëhhan st. V.	sprechen, bezeugen; loqui, fateri, dicere	
sprah	loquebatur	Luc 728, 19; 735, 53
sprâchun	dixerunt loquebantur[2])	Luc 732, 9
sprëcantêr *uua*s	locutus est	Luc 737, 33
sprichit	fatetur	H VII 4 XIX 10
sprëhhantêr ist	locutus est	Ps 293, 2
pisprëhhan st. V.	verleumden; detrahere	
pisprâhhun	detrahebant	Ps 294, 9/10
spreiten sw. V.	ausbreiten; pandere	
spreitis	pandis	H II 1
nidarspreiten sw. V.	niederstrecken; prosternere	
nidar spreitemês	prosternim*us*	H XXIII 2
arspriuzzen sw. V.	stützen; fulcire	
arspriuztan (himil)	fultum (polum)	H II 1
arspriuzzit	fulta	H XVIII 3
spurrento sw. M.	Erforscher; investigator	H XXIV 14
staffo sw. M.	Schritt; gradus	
staffin	gradu	H XX 3

---

[1]) wie B (39), *intu*uenitaz Ergänzung St., s. A 3, vgl. Baes., Beitr. 69, S. 403.

[2]) s. Anm. zum Text.

erstân st. V. — aufstehen, sich erheben; surgere

| arstâmês | surgimus | H IV 3 |
| arstât | surgit | H XXI 6 |

kestân mit Dat. M. — ertragen; sustinere
des Pron. ër

| kestât im*o* | sustinebit | Ps 297, 12 |

stanch st. N. — Duft; odoramentum

| stanchum | odoramentis | H VII 6 |

stantan st. V. — stehen; stare

| stuant | stetit | Luc 731, 14 |

azstantan st. V. — dabeistehen; adsistere

| az standant*êr* | adsistens | H XXIV 14 |

erstantan st. V. — aufstehen, sich erheben; surgere, resurgere, exsurgere

harstant*it*[1])	surgit	H XIX 3
arstuant	surrexit	H XIX 4
arstantan	resurrexisse	H XIX 10
arstante	resurgat	H XX 7
arstantên	resurgant	H XX 8
erstantant*êm*	surgentib*us*	H XXIII 1
erstantan	resurgere	H XXIV 5
arstantêm	surgamus	H XXV 5
arstantant	exurgerent	Ps 295, 29

farstantan st. V. — verstehen, empfinden; intellegere, sentire

| farstuantun | intellexerunt | Luc 737, 31 |
| farstuanti | sentiebam | Ps 298, 3/4 |

fër stantan st. V. — fern stehen; absistere

| fër stante | absistat | H VIII 6 |

---

[1]) oder harsta*n*t Siev. Index S. 86 mit Fragezeichen.

starch Adj.	stark; fortis, durus	
starchisto	fortissimus	H XIX 2
fona starchistin kapote	de durissimo imperio	H XXI 3
starchen sw. V.	erstarken; confortare	
kestarchit uuas	confortabatur[1])	Luc 730, 1
kestarchit uuas	confortabatur[2])	Luc 736, 4
starchlîcho	sehr; fortit*er*	H I 5[3])
stat st. F.	Ort, Statt; locus	Luc 730, 60
kastatôn sw. V.	aufstellen; locare	
kastatôt	locata	H VII 11
stein st. M.	Stein; lapis	
steine	lapide	H XIX 3
arstërpan st. V.	sterben; mori	
astërpe	moreatur	H XX 7
stërn st. M.	Stern; stella	
stërnâ	stellas	H II 2
nidarstîgan st. V.	niedersteigen; descendere	
nidarsteic	discendit	Luc 737, 35
nidarstîgan	discendere	H XXIV 11
nidarstîgant	descendunt	Ps 294, 27/28
ûfstîgan st. V.	aufsteigen; ascendere	
ûfsteic	ascendit	Luc 730, 25
ûfstîgantêm	ascendentibus	Luc 736, 15

---

[1]) übergeschrieben vom Glossator, ursprünglich conroborabatur.
[2]) s. Anm. zum Text.
[3]) fehlt Siev. Index S. 86.

kistillên sw. V.	mild werden, nachlassen; mitescere	
kistillênt	mitescunt	H XXV 4
stilli Adj.	ruhig; quietus	
stille	quietos	H XIV 3
stilla	quieta*m*	H XVI 2
stimma st. F.	Stimme; vox	
stimma	vox	H I 1 XXV 8
stimmôn	vocibus, -*us*	H II 6 VII 5 VIII 1
stimnu	voce	H VII 12
stimmu	voce	H XIX 10
sti*m*mo	voce	H XXVI 2
stimma	vocem	Ps 295, 6; 297, 8
in stimm*a*	in vocem	Ps 297, 9/10
stimmî sw. F.	Stimme; vox	
stimmî	voce	H I 7
stimna s. stimma		
stiuren sw. V.	steuern; gubernare	
stiurre	gubernet	H III 5
stiuri	guberna	H XVI 5
stobarôn sw. V.	erstarren; obstupere	
stobarôên	obstupent	H XX 4
strëdan st. V.	sprudeln, kochen, glühen; fervere	
strëde	ferveat	H III 5 V 5
strëdentemu	fervente	H XII 1[1])
strengen sw. V.	erstarken; confortare	
kestrengit uuas	confortabatur[2])	Luc 730, 1
strô st. N.	Stroh, hingebreitetes Lager; stratum	
strôe	strato	H IV 3

---

[1]) strecken folgt hier Siev. Index S. 86, in der Hs. nicht vorhanden.
[2]) übergeschrieben vom Glossator, ursprünglich conroborabatur.

studen sw. V.	gründen; fundare	
kastuditôs	fundasti	H V 1
stunta st. F.	Stunde; hora	
stunta	hora	H I 4 XII 1
stunta drittûn	*hora* tertia	H X 2
stunta..dritta	hora..tertia	H XI 1
stuntu	hora (abl.)	H XI 2
stuntôno	horaru*m*	H XIII 1
stuntôn	horis	H XVIII 1
sëhstuntôm[1])	sechsmal; sexies	H XII 1
sibun stuntôn[1])	siebenmal; septies	H IX 4
pisturzen sw. V.	umstürzen; pervertere	
pisturze	pervertat	H IV 5
suahhen sw. V.	fragen, forschen; quaerere, requirere	
suahtôn	requirebant	Luc 736, 35
suahtômês	querebamus	Luc 737, 14
suahtôt	quaerebatis	Luc 737, 21
suahe	querat	H XX 6
auar suahhen sw. V.	suchen; requirere	
auar suachante	requirentes	Luc 736, 42
kasuahhen sw. V.	suchen; adquaerere	
kasuahta	adquesivit	H XX 3
suanâri st. M.	Richter; index	H VI 1; 4 XXIV 13 XXVI 8
suazzi Adj.	süß; dulcis	
suazze (a. pl.)	dulces	H V 2
sûftôn sw. V.	seufzen; gemere	
sûftônti	gemens	H XIX 1

---

[1]) s. sëhs und sibun.

sun st. M.	Sohn; filius	
sune	filio	H I 1 XXV a
sun	filius	H III 8 VII 3 XXII 7
		XXIV 1; 16 XXVI 6
sun	filium	H VI 2 XXVI 5
sun (voc.)	fili	H VII 9
suniu	filio	H XIX 12
suni khind[1])	filios	Ps 294, 21
sunna sw. F.	Sonne; sol	
sunna	sol	H III 2 IV 3 V 5 XIV 2
		XVIII 1 XIX 9
sunnûn	solem	H V 1
sunta st. F.	Sünde; peccatum, culpa	
suntôno	peccatorum	H I 12
sunta	culpam, -m	H III 3 XXV 4
sunta	culpa	H V 4 XX 6 XXV 7
sunto (a. pl.)	peccata	H XX 5 XXIII 2
âna *sunta*	sine peccato	H XXVI 13
suntarôn sw. V.	trennen; segregare	
suntarônti	segregans	H XXV 2
suntîg Adj. subst.	Sünder; peccator	
dës suntîgen	peccatoris	Ps 294, 3
suntîgero	peccatorum	Ps 296, 24
suntlîcho Adv.	gottlos; impie	H VIII 5
swangar Adj.	schwanger; praegnans	
suuangrera	pregnante	Luc 730, 33
swâri Adj.	schwer; gravis	
suârrêr	gravis	H XVI 3
suârremu	gravi	H XVI 6 XX 2

---

[1]) s. Anm. zum Text.

swarz Adj.	schwarz; ater	
suarziu (n.sg.f.)	atra	H V 2
insweppen sw. V.	einschläfern; somniare	
insueppe	somniet	H XV 5
swëro sw. M.	Schmerz; dolor	
suërôm	doloribus	H XIX 4
swerren st. V.	schwören; iurare	
*suua*r	iuravit	Luc 729, 44
kaswerzen sw. V.	verdunkeln; fuscare	
kasuarztêm	fuscatis	H XIV 4
swîgên sw. V.	schweigen; tacere	
nisuuîgês	ne tacueris	Ps 294, 2
piswîchan st. V.	betrügen; decipere	
pisuueih	deciperat	H XXIV 3
piswichilîn Adj.	betrügerisch; subdolus	
chorungo pi- suuicchilîneru	temtatione subdola	
		H II 10

T.

tag st. M.	Tag, mit mitti: Mittag, Pl.: ein Zeitraum von (drei) Tagen; dies, meridies, triduum	
tac	diem	Luc 730, 5
*tag*â	dies	Luc 730, 44; 732, 62; 733, 11
*tag*um	diebus	Luc 735, 29
*tak*es	die	Luc 735, 47
tagin[1])	diei	Luc 736, 18
tagum	diebus	Luc 736, 19

---

[1]) sw. fl.

dës tages	diei	Luc 736, 34
after drim tagum	post triduum[1])	Luc 736, 45
tac, tak	diem, die*m* H II 4 IV 3; 6 V 5	
	VIII 2; 10 XIV 1 XV 1 XXV 1	
tac, tak	dies H II 5 III 1; 7 IV 1 V 3	
	XIV 1; 4 XVIII 1 XX 1	
tago	dierum, -*m* H II 5 III 1 V 1	
mitti tak	meridies H III 7 XII 3	
tage	diei H IV 2	
tages, takes	diei H VI 1 XI 1 XIV 3 XXV 2	
tago (g. pl.)	diei (g. sg.) H VIII 1	
in..take	in..die H IX 4	
tage, take, *tage*	die H XVI 1; 2 XXVI 13	
mittes takes	meridie H XVII 1	
tagâ (a. pl.)	dies H XXVI 12	
in tagôn	in diebus Ps 295, 8	
tagarôd st. M.	Morgenröte; aurora H II 2 III 8; 8	
	XIX 1	
tagastërn, tagestërn st. M.	Morgenstern; fosphorus, lucifer	
	H II 3; 4 IV 2 XXV 3	
tagauuizzi Adv.?	heute; cottidie H II 9	
katarôn sw. V.	(beneiden), verletzen; (invidere),	
	laedere	
katarôe*m*	invideamus H VIII 5 (vgl.	
	abanstôn)	
katarôte	lesi H VIII 5	
tât st. F.	Tat; actus	
in tâti (a. pl.)	in actus H V 2	

---

[1]) dies tres durch Punkte getilgt.

katât st. F.	Tat; actus, factum	
katâti (a.pl.)	actus	H III 4
kitâti (n. pl.)	facta	H V 4
tau st. N. M.[1])	Tau; ros	
tauum	rorib*us*	H II 2
taufen sw. V.	taufen; baptizare	
taufantêr	babtizans	H II 2
taufî sw. F.	Taufe; baptismus	
thurah taufî	p*er* babtismu*m*	H XXIV 6
taugan Adj.	geheim, heimlich; occultus, secretus	
tauganiu (a.pl.n.)	occulta	H VI 1
tauganiu (a.pl.n.)	secreta	H XV 3 XXIV 13
teilen sw. V.	austeilen; distribuere	
kateilit ist	distributus est	H XI 2
ziteilen sw. V.	verteilen; dividere	
ceteilo	dividam	Ps 293, 4
terren sw. V.	schaden, verletzen; nocere	
terrennes	nocendi	H XXV 3
keterren sw. V.	verletzen; laedere	H XXIV 10
tior st. N.	Tier; bestia	
tioro	bestiaru*m*	H XXII 4
tiuf Adj.	tief, subst. Tiefe; profundus, -a, -um	
tiufiu (kilauba)	profunda (fides)	H V 5
tiufêr	profundus	H XV 5
(tiufîn[2])	profunde[3])	H XXV 2)
fona tiuffêm	de profundis	Ps 297, 6

---

[1]) stn. Siev. Index S. 87.

[2]) tiufin Hs. und Siev. Text, tiuf*u*n Siev. Index S. 88.

[3]) profunda ist als Subst. verstanden durch Femininabstraktum übersetzt (s. tiufîn), vgl. Daab Beitr. 83, S. 291.

tiufîn sw. F.[1]	Tiefe; (profunda)	
thëra naht tiufîn[2]	noctis profunde	H XXV 2
tiuren sw. V.	verherrlichen; glorificare	
katiurta (a.sg.f.)	glorificata[3]	H XVIII 4
tiuri Adj.	teuer; pretiosus	
tiuremo[4] (pluat)	precioso (sanguis)	H XXVI 9
tiurida st. F.	Ruhm, Herrlichkeit; gloria	
tiurida	gloria	Luc 731, 62; 734, 49
tiurida[5]	gloria (abl.)	H I 13
tiurida, *tiurida* (g.).	glorie	H III 1; 3 VII 11 XII 2
		XXVI 3
tiurida, *tiurida*	gloriam, -m	H VII 5 VIII 1
		X 1 XI 1[6]) XIV 1
tiurida[7]	gloria (abl.)	H VII 8 XXVI 10
dëra *tiurida* (g.)	glorie	H IX 4
tiurida (n.)	gloria	H X 4 XIX 12 XXII 7
		XXV a
in..tiuridu	in..gloria	H XXIII 1
tiurido (g.sg.)	glorie	H XXVI 6
in tiuridu	in gloriam	H XXVI 8
tiurlîchêr Adj. fl.	herrlich; gloriosus	H XXVI 4
tôd st. M.	Tod; mors	
todh	mortem	Luc 734, 2
tôdâ (a.pl.)	mortes	H I 3

---

[1] fehlt Siev. Index.

[2] Siev., Index S. 88, schlägt tiufun (Adj. sw. fl.) vor, s. zu tiuf.

[3] l. glorificatam.

[4] d. sg. n., dsm. Siev. Index S. 88.

[5] d. sg., als gs. aufgeführt Siev. Index S. 88.

[6] a. sg., als gs. aufgeführt a.a.O.

[7] d. sg., tiurida mit Fragezeichen a.a.O.

tôdes	mortis	H VII 1 XIX 2; 5
		XXI 7 XXII 3 XXIV 9; 11
		XXVI 7
tôd	mors	H XX 6; 7; 8; 8
dës tôdes	mortis	Ps 295, 10/11
fona tôde	de morte	Ps 295, 24/25
tohter st. F.	Tochter; filia	
thoter	filia	Luc 735, 23
tôt Adj.	tot; mortuus	
tôtun	mortui (n. pl.)	H XX 8
tôte	mortui (n. pl.)	Ps 294, 26
tragan st. V.	tragen, unpers. es geziemt sich, ist nötig; gestare, gerere, oportet	
ketrekit	oportet	Luc 737, 28
tragante	gestantes	H I 8; 10
tragannes	gerendi	H III 4
tragant	gestant	H VII 6
auuar tragan st. V.	zurückführen; revectare	
auuar traganti	revectans	H IV 3
ëbano tragan st. V.	erwägen; conferre	
ëbano ketraganti	conferens	Luc 732, 45
katrëtan st. V.	betreten; conculcare	
katrëtanti	conculcans	H XIX 2
fartrîban st. V.	vertreiben; depellere, repellere	
fartripan ist uuirdit	depellitur	H V 2
fartribi	reppulisti	Ps 293, 18
trinchan st. V.	trinken; bibere	
trinchêm	bibamus	H III 6
trinchêm	bibamus	H VIII 7

triuaft s. triuhaft

triugan st. V.	täuschen, betrügen; inludere, fallere	
triuge	inludat	H XV 4
triugan	fallere	H XXIV 13
triuhaft Adj.	treu; fidelis	
triuafte	fideles	H II 8
triuaftemu	fideli (abl.)	H III 5
triulîcho Adv.	besonnen, getreu; subrie[1])	
		H I 10
trôr st. M.	Blut; cruor	
trôre	cruore	H XXI 2
trôst st. M.	Trost, Tröster (tröstlich); consolatio, paraclitus	
trôst	consolationem	Luc 733, 56
trôst	paraclitum	H XXVI 5
ketrû(h)ên[2]) sw. V.	trauen; confidere	
ketrûhênt	confidunt	Ps 296, 16
truhtîn st. M.	Herr; dominus	
*truht*înes	domini	Luc 729, 23; 731, 13; 733, 23; 735, 61
*truht*în	domini dominus	Luc 731, 42
*truht*îne	domino	Luc 733, 21; 31; 735, 52
tro_h^{ti}nes	domini	Luc 734, 6
truh*tî*ne, tr*uht*îne, tr*uht*îne	d*om*ino	H I 1 IX 3; 4 XII 1

---

1) vgl. Siev. S. 30, Anm. zu 10, 1.
2) sekundäres h.

truhtîn (voc.)	domine	H I 6 XXIV 1; 8; 12
*truh*tîn, *truh*ttîn,	domine	H VII 1; 9; 12 XIV 1;
*truh*tîn		3 XVI 2; 6; 6 XXVI 11; 13; 14;
		15; 16
truhtînan, *truh*tinan,	dominum	H VII 4 XIX 10
*truh*tînan		XXVI 1
*truh*tîn, -tt-, *truh*tîn	dominus	H VII 8 XVII 2
		XIX 4; 6 XXVI 3
*truh*tînes, *truh*tînes,	domini	H XVIII 2 XIX 5; 7; 8
truh*tînes		
truhtîne	domino	H XXIII 1
truh*tînan	dominum	Ps 294, 17
truh*tîn	dominus	Ps 294, 19; 295, 5/6;
		296, 30
truh*tîne	domino	Ps 294, 22; 24; 295, 2
truhtîn, (voc.)	domine	Ps 294, 27; 296, 27;
		297, 7[1]); 7; 11; 295, 16
truhtînes	domini	Ps 295, 14; 296, 13;
		297, 2; 4
truhtîn	dominus, d*ominus*	Ps 295, 17;
	19; 22; 27; 296, 5; 20/21	
in truhtîne	in domino	Ps 296, 16; 297, 17;
		18; 21
mit truhtînan	apud dominum	Ps 297, 22
trunchalî sw. F.	Trunkenheit; ebrietas	
trunchalî	ebrietatem	H III 6
trhunchalî	ebrietate	H VIII 7
tuan anom. V.	tun; facere, agere	
*ketân uua*rdh	factus est	Luc 728, 38
*të*ta	feci[2])	Luc 729, 34

---

1) trihtin Hs.

2) fecit Vulg.

*k*etân	*f*actum	Luc 730, 37; 736, 44
*k*etân uuardh	facta est	Luc 731, 53
*k*etân ist	factum est	Luc 732, 17
tâtin	facirent	Luc 734, 16
*ket*ânêr *uua*s	factus essit	Luc 736, 11
tâti	fecisti	Luc 737, 10 H XIV 1
tua	fac	H I 13 XXVI 10; 11
		Ps 293, 1
za tuanne	agenda	H II 8
tëta	fecit	Ps 294, 23
*tët*a	*f*ecit	Ps 296, 13
duruhtuan anom. V.	vollenden; perficere	
*d*uruh tâtun	perfecerunt	Luc 735, 57
duruhctâniu (n.sg.f.)	perfecta	H VII 4
kituan anom. V.	vollenden; conficere	
kituat	conficit	H V 5
intuan anom. V.	öffnen; aperire, adaperire	
intuanti	adaperiens[1])	Luc 733, 28
intât*i*	aperuisti	H XXVI 7
wolatuan anom. V.	wohltun; beneficere	
uuolatëta	benefecit	Ps 295, 23
uuolatua	benefac	Ps 296, 27
zuakatuan anom. V.	hinzufügen; addere	
zuakatuês	addas	H VII 12
tûba F.	Taube; columba	
tûbôno	columbarum	Luc 733, 44
tuldi s. tult		

---

[1]) ad vom Glossator übergeschrieben.

tulisc Adj.	töricht; stultus	
tulisco (n.pl.f.)	stulte	H I 9
tult st. F.	Fest; festum	
*tul*di	festi	Luc 736, 18
tunchalî sw. F.	Dunkelheit; caligo	
tunchchalî	caligo	H II 4
tunchlî	caligine	H XXV 3
turi st. F.	Tür; ianua, regia	
turi	ianua*m*	H I 9
turi	regia (abl.)	H I 9
katurstîc Adj.	wagend; ausus	H I 4
turtur	Turteltaube; turtur	
turturôno	turturum	Luc 733, 40
twâla sw. F.	Zögerung; mora	
tuuâlûn	moram	H II 3
	U.	
ubar, uber Präp.	über, durch, darüber; super, per,	
mit Dat. und Acc.	insuper Luc 728, 40; 729, 4; 734, 53; 736, 57 H II 5 VI 3 XX 8 XXVI 15 Ps 294, 19; 20; 20; 296; 24; 32; 297, 2; 298, 2; 5	
ubarfart st. F.	Überfahrt; transitus	
*af*t*er* ubarferti	*post* transitu*m*	H XXI 1
ubi Konj.	wenn; si H VIII 9 Ps 297, 11; 298, 3 (vgl. ibu)	

ubil st. N.	Übel; malum	
ubil	malum	H I 6 XXIII 3
fona ubile	a malo	H II 10
ubil	malum	H VIII 5
ubil Adj.	schlecht	
ubilero	malorum	H VIII 6[1])
hupilo spano	malesuada	H VIII 9
ubilî sw. F.	Übel; malum	
ubilî	mala	Ps 294, 12
ûf Adv.	auf; sub	
ûf purrenti	sustollens	H II 2
ûfganc st. M.	Aufgang; ortus	
ûfgange	orto	H VIII 3
ûfhengida st. F.	Erhängung; suspendium	
ûfhengidâ	suspendia	H X 2
ûfchumft st. F.	Aufgang; oriens	Luc 729, 52
ûfchuuëmo sw. M.	Aufgang; oriens	Luc 729, 52
umbi s. pi		
umbinciric st. M.	Umlauf; circuitus	
umbinciric	in circuitu	Ps 296, 20; 21
umbiwurft st. F.	Erdkreis; orbis	
alliu umbiuurft	universus orbis	Luc 730, 11
thuruh umbiuurft	per orbem	H XXVI 5

---

[1]) unter ubil Adj. aufgeführt Siev. Index S. 89. Das pronominal flektierte Adj. steht für ein Substantiv. Vgl. bei wîh.

unbilibanlîh Adj. — unaufhörlich; incessabilis
unbilibanlîcheru — incessabili — H XXVI 2
unpawollan Adj. Part. — ungemindert; inlibatus
unpauollaniu (n.sg.f.) — inlibata — H VIII 8
unfardraganlîh Adj. — unerträglich; intolerabilis
unfardraganlîh — intolerabilem — Ps 296, 3/4
unfruat Adj. — unklug, träge; iners
unfruatiu (muat) — inertes (animus) — H IX 3
ungaporan Adj. Part. — ungeboren; ingenitus
ungaporono (voc.) — ingenite — H VIII 10
ungahruorîg Adj. — unbeweglich; inmobilis
ungaruorîge — inmobiles — H XXII 5
unkalaupîg Adj. — ungläubig, verloren; perditus
unkalaupîgên — perditis — H XX 2
ungimëzzan Adj. Part. — unermessen; inmensus
ungimëzenera (g.sg.f.) — inmense — H XXVI 5
ungauuemmit Adj. Part. — unbefleckt; immaculatus H VII 10
unheilâri st. M. — Narr; insanus
unheilârâ (n.pl.) — insani (g. sg.) — H XXII 4
unholda[1]) — Teufel; diabulus — H XXIV 3
un(h)reinen sw. V. — verunreinigen; inquinare
unreinnên — inquinent — H V 4
un(h)reinî sw. F. — Schmutz; lues
unreinî — luem — H XX 5
unchûski Adj. — schimpflich, schlecht; turpis, inprobus, probrosus
unchûsgêr — turpis — H IV 5

---

[1]) unholda Siev. Text S. 53, unholda swf. Siev. Index S. 89.

in unchûsgêm	in turpibus	H IX 3
unchûscan	inprobum	H XVIII 3
unchûsko	probrosa	H XX 1
unmëzzîg Adj.	unermessen; inmensus	
unmëzzîges (leoht)	inmense (lux)	H VI 3
unrachaft Adj. (n.sg.f.)	unaussprechlich; inenarrabilis	
		H VI 1
unrëht st. N.	Unrecht, Sünde; iniquitas	
unrëth	iniquitas	H VIII 4
ce hunrëhte	ad iniquitatem	Ps 296, 25/26
unrëht	iniquitatem	Ps 296, 31
unrëht	iniquitates	Ps 297, 11
fona..unrëhtun	ex..iniquitatibus	Ps 297, 26
unreinnên, unreinî s. unhreinen, unhreinî		
unsêr Pron.	unser; noster	H II 9; 9 III 2; 6
	IV 4 V 3 VIII 4; 6; 7 XVI 5; 6 XIX	
	11 XXI 4 XXIII 2 XXIV 7; 13;	
	14; 16 XXV 8 XXVI 14; 14	
	Ps 293, 20; 26; 295, 18; 296, 2; 3;	
	8; 12	
untar Präp. mit Dat.	unter; inter, sub, mit Pron.: ad invicem	Luc 732, 10; 736, 37
		H XIX 3
unuparuuntan Adj. Part.	unbesiegt; invictus	
unuparuuntan	invicta	H XXII 6
unzan in Präp. mit Acc.	bis in; usque in	Ps 296, 22
unzi, unzin, (uncin)	bis in, bis zu, bis nach; usque	
mit ze (ce) oder in	(in), mit ze (ce): ad	Luc 732, 12;
Präp. mit Dat. und Acc.	735, 38 H XXVI 11 Ps 293, 17; 295,	
	3; 297, 20	

unzi denne Konj.   sobald; dum   H XV 2

urgawida st. F.   Widerwille; fastidium

  urgauuida (a.)   fastidium   H XXV 1

urchauf st. M.   Erlösung; redemptio

  urchauffe   redemptione   H X 3

urchundo sw. M.   Zeuge, Märtyrer; martyr[1]), testis

  urchundôno   martirum, martyrum

   H VII 11 XXII 1; 8 XXVI 4

  urchundun   martyres   H XXII 4

  urchundo   testis   H XXIV 13

urlôsida st. F.[2])   Erlösung; redemptio

  urlôsida (a.)   redemptionem, redemptionem

   Luc 729, 35; 735, 55

urrista st. F.   Auferstehung; resurrectio

  urristu[3])   *in* resurrictionem[3])   Luc 735, 7

urristî sw. F.[4])   Auferstehung; anastasis

  urristî (g.)   anastasis   H VI 5

urtrûhlîcho Adv.   mäßig, besonnen; subrie H III 6[5])

urtrûhti Adj.   nüchtern; subrius

  urtrûcte   subrii   H IV 6

urtrûhtida st. F.   Besonnenheit; subrietas

  urtrhûhtidu   subrietate   H XVIII 3

ûzzan Konj.   aber, wenn nicht, bevor (mit êr);

---

[1]) Eucherius 160, 5 martyres testes
[2]) s. erlôsida, arlôsida H Ps.
[3]) s. Text mit Anm.
[4]) urrist stf. Siev. Index S. 90.
[5]) vgl. Siev. S. 30 Anm.

	sed, nisi, prius(quam) nisi Luc 734, 3 H II 10 IV 6 V 5 VIII 7; 8 IX 2; 4 XIV 3; 4 XV 5 XVIII 3; 4 XXII 5 Ps 295, 1; 27; 298, 4 W.	
wâfan st. N.	Schwert, Pl. Waffen; gladius, arma, mucro	
uuâfan	*gla*dius	Luc 735, 15
uuâfanu*m*	armis	H XVIII 3
uuâffa*n*	mucro	H XXV 6
wâfanen sw. V.	bewaffnen; armare	
kiuuâffantiu (n. sg. f.)	armata	H XXII 4
wâg st. M.	Wasserstrudel; gurges	
uuâh	gurgitem	H II 2
wahsamo sw. M.	Wachstum; vigor	H V 2
wahsan st. V.	wachsen; crescere	
*uu*has[1])	crescebat	Luc 729, 58
uu*h*as[1])	crescebat	Luc 736, 3
wahta st. F.	Wache; vigilia	
*uu*ahtâ	*v*igilias	Luc 731, 8
wachar Adj.	wachsam; vigil	
uuacharêr	vigil	H XV 5
uuachar	vigil	H XVIII 3

---

[1]) l. uuahs.

wachên sw. V.	wachen; vigilare	
*uuach*ênte	vigi*l*antes	Luc 731, 6
uuachee	vigilet	H XVI 4
duruhwachên sw. V.	wachen; pervigilare	
duruch uuacheem	pervigilemus	H I 10
waldan st. V.[1]	wälzen; volvere	
kiuualdaniu (n. sg. f.)	voluta	H XII 1
kiwaltida st. F.	Macht; potestas	
kiuualtido (n. pl.)	potestates	H XXVI 2
wamba st. F.	Leib, Mutterleib; vulva, venter	
uuamba	vulvam	Luc 733, 29
uuamba	venter	H IV 5
wân st. M.	Hoffnung; spes	
uuân	spes	H V 5 XXII 6 XXV 6
uuâne	spe[2]	H X 1
wânen sw. V.	glauben, hoffen; putare, sperare, exaestimare	
uuânis	putas	Luc 729, 18
uuânante[3]	exaestimantes	Luc 736, 28
*uuântô*mês	speravi*us*	H XXVI 15
uuânta	speravi	H XXVI 16
uuânta	speravit	Ps 297, 17
uuâne	speret	Ps 297, 20
wanchônti Adj. Part.	wankend; lascivus	
uuanchôntê*m*	lascivis	H XV 3

---

[1] vgl. Siev. S. 42 Anm.
[2] spē Hs., s. Lichtdr. 33, 5.
[3] s. Text mit Anm.

wâr st. N.	amen	H XXV a
wâr Adj.	wahr; verus	
uuâraz leoht	vera lux	H VIII 3
uuârêr	verus	H IX 1 XX 1
uuârera (g. sg. f.)	vere	H XII 2
uuâriu (n. pl. n.)	vera	H XXII 2
uuâran	verum	H XXVI 5
kawar Adj.	vorsorgend; providus	
kauuare (n. pl. m.)	providi	H XXI 1
warpan s. hwarban		
warg st. M.	Übeltäter	
dës palouues uuarc	tyrannum	H XXI 6
wârhaft Adj.	wahrhaft; verus	H III 2
wâro[1]) Adv.	wahrhaft; vere	H XXI 5
anawartôn sw. V.	aufmerken; intendere	
anauuartôntiu (ôrun)	intendentes (aures)	Ps 297, 9
waskan st. V.	waschen; lavare, diluere	
uuasgi	lavisti	H VII 10
uuasc	diluit	H XX 1
uuaskit	diluit	H XXV 4
kawaskan st. V.	abwaschen; abluere	
kauuasge	abluat	H XX 5
kawâti st. N.	Gewand, Kleidung; vestimentum, stola	
kauuâti (a. pl.)	vestimenta	H VII 10
kauuâtim	stolis	H XXI 1
waz quid s. hwaz		

---

[1]) uaro Hs.

wazzer st. N.	Wasser; aqua	
uuazzer	aqua	Ps 295, 33
uuazzer	aquam	Ps 296, 3
wëc st. M.	Weg; via	
uuëc	via*m*	H XXV 3
erweggen sw. V.	bewegen; commovere	
nist eruuegit	non commovebitur	Ps 296, 17
wëgôn sw. V.	gehen; viare	
uuëgôntê*m*	viantib*us*	H XXV 2
weidenônti Part.	Jäger; venans	
uueidenôntero	venantium	Ps 296, 9
wechen sw. V.	wecken; suscitare, excitare	
uuechentêr	suscitans	H II 4
uuechit	excitat	H XXV 5
erwechen sw. V.	aufwecken; resuscitare, excitare	
eruuahtôs	resuscitasti	H XXIV 8
eruuahtêr	excitatus	H XXV 3
wëllan st. V.	wälzen; volvere	
uuillit sih	volvitur	H XIV 1
kawemmen sw. V.	beflecken; polluere	
kauuemme	polluat	H XVIII 4
wênag Adj.	elend; miser	
uuênege	miseros	H XIX 2
*intu*uenen s. intspenen		
wer s. hwer		
wër quis, qui s. hwër		
wërahc s. wërk		

wëralt, wërolt st. F.   Welt; saeculum, mundus
- uuëralt — mundus — H I 12 XIX 1
- uuëralta[1]) (g. sg.) — seculi — H IV 4
- uuëralti — mundi — H V 2 VI 4 VII 1; 4 XX 1; 5 XXII 2; 6 XXIV 2
- *fona uuëraltim* — a seculis — H VI 7
- *in uuëralti, in..uuë-ralti, in uuëralti* (a. pl.) — in secula, in..secula, in secula — H VI 7 XXII 8 XXV a
- uuëralti, uuëralti (g. sg.) — seculi — H VIII 4 XIV 4 XVII 3 XXII 3 XXIV 15[2])
- fona uuëralti — a seculo — H X 3
- fora..uuëralti — ante..seculum — H X 4
- fora uuëralti (d. sg.) — ante secula — H XIV 1
- uuëralt — mundum — H XIV 2
- uuëralteo — seculorum — H XXV a
- *in uuëralti* — in seculum — H XXVI 12; 12
- *uuëralti* — seculi — H XXVI 12
- *uncin* in uuërolt — *usque in*[3]) saeculum — Ps 295, 3
- unzan in uuërolt — usque in saeculum — Ps 296, 22

uueruan s. hwërban

wërd st. N.   Wert; pretium
- uuërth (a. sg.) — precium — H XXIV 7

---

[1]) uuëralt*i* Siev. Index S. 91, vgl. Text mit Anm.
[2]) XXIV 15 fehlt Siev. Index S. 91.
[3]) s. St. A 1.

wërdan st. V.   selbst.: geschehen, werden; fieri
  uuortanaz   facta   Luc 730, 16
  uuërde   fiat   H II 7
wërdan st. V.   in Zusammensetzungen Verbum substantivum wie wësan Luc 728, 38; 731, 53 H I 11 V 2; 2 XXII 4 XXIV 8 XXV 7 Ps 293, 14
kiwërdôn   würdigen; dignari
  kiuuërdôtôs   dignatus es   H XXIV 3; 7; 11
  kiuuërdôês   dignaveris   H XXIV 10
  kiuuërdo   dignare   H XXVI 13
uuërahc st. N.   Werk; opus   H IX 2
uueref s. hwer
wësan st. V.   selbst.: sein, existieren; fieri, manere
  uuësante   manentes   H II 8 IV 6
  sî   fiat   H XXVI 15
  sîn   fiant   Ps 297, 9
wësan st. V.   sein; esse, in Zusammensetzungen Verbum substantivum Luc 729, 19; 41; 730, 1; 27; 28; 41; 43; 58; 731, 3; 32; 44; 732, 17; 31; 37; 38; 48; 59; 64; 733, 1; 5; 8; 10; 22; 32; 49; 734, 54; 735, 5; 10; 16; 21; 736, 4; 8; 11; 30; 41; 737, 4; 18; 27; 29; 33 H I 2; 4; 4; 6; 7; 7; 12 II 1; 4; 5; 8; 8 III 6; 6; 7 IV 2 V 2 VI 2; 2; 4; 5; 6 VII 8 VIII 6; 9 IX 2 XI 2; 2 XII 2 XVI 1; 1; 2; 6 XVII 1; 1; 2 XVIII 1 XIX 3; 5; 6; 12 XX 1 XXI 4; 4; 4; 5 XXIV 1; 6; 13; 14; 15; 15; 16 XXV 6; 6 XXVI 3; 6; 8; 8; 16 Ps 293, 2; 7; 8; 294, 4; 295, 20; 27; 32; 296, 9; 10; 11; 297, 13; 29

az wësan st. V.	beistehen, zugegen sein; adesse	
az ist	adest	H IV 2
az uuis	adesto	H XVI 6
duruhwësan st. V.	durchhalten; permanere	
thurah uuësant	permanent	H XXII 5
untarwësan st. V.	bestehen aus; subsistere	
untar uuësanti	subsistens	H VII 3
widar Präp. mit Dat.	gegen, noch einmal; adversum,	
und Acc.	re-	H III 4 IV 3 XVIII 3
		Ps 294, 5
wîc st. M.	Krieg; bellum	
uuîges	belli	H XXII 2
wîh Adj., pronominal	heilig, Heiligtum, Christus; sanctus,	
flektiert auch substan-	hagius, sacer, sanctum	
tivisch[1])		
uuîhemo (< -u)	sancto	Luc 729, 29
uuîhûn êuua	testamenti sancti	Luc 729, 42
uuîhêr	christus	Luc 731, 41
uuîhaz	sanctum	Luc 733, 30
uuîhêr	sanctus	Luc 733, 59
fona âtume *uuîhemu*	ab spiritu sancto	Luc 733, 63
uuîhan	christum	Luc 734, 5
uuîhemu, *uuîhemu*	*sancto, sancto, sancto*	H I 2
	II 6 VI 7 VIII 10 XI 2 XVII 1	
uuîho (n. pl. f.)	*sancte*	H I 8
uuîho (voc.)	agie	H I 13
uuîhêr	aius	H II 5
uuîhes	*sancti, sancti*	H III 2 VI 2
uuîho (voc.)	*sancte*	H IV 4 XVI 2 XXIV 16
uuîho	*sanctus*	H VII 8; 8; *8*

---

[1]) vgl. ubil.

uuîhero	*sanctorum, sanctorum*	
		H VII 10 XXII 6
uuîhêr, *uuîhêr*	*sanctus, sanctus*	H XX1
		XXVI 3; 3; 3
pluat uuîhaz	sanguis sacer	H XX 1
uuîh (a.sg.n.)	sacrum	H XXI 2
tôdes uuîhes	mortis sacre	H XXII 3
uuîheru	*sanctorum*	H XXIII 2
uuîhan	*sanctum*	H XXIII 4 XXVI 5
uuîhemo	*sancto*	H XXIV 16 XXV a
uuîhiu (n.sg.f.)	*sancta*	H XXVI 5
mit uuîhêm	cum *sanctis*	H XXVI 10
in uuîhemo sînemo	in *sancto* suo	Ps 293, 3
wîhen sw. V.	segnen; benedicere	
uuîhanti	benedicens	Luc 728, 20
keuuîhtêr	benedictus	Luc 729, 31
uuîhta	bened*i*xit	Luc 734, 26
uuîhta	benedixit	Luc 734, 56
		Ps 294, 14; 15; 16
kauuîhto	benedictus	H VII 9
uuîhi	benedic	H XXVI 11
kiuuîhta	benedicti	Ps 294, 22
kiuuîhtêr	benedictus	Ps 296, 5
uuîhtômês	benediximus	Ps 297, 3
uuîhî sw. F.	Segen; benedictio	Ps 297, 2
wîla s. hwîla		
willo sw. M.	Wille; voluntas	
dës..uuillin	voluntates	Luc 732, 6
uuillo	voluntas	H II 7; 8 XXII 7

wîn st. M.	Wein; vinum	
uuîn	vinu*m*	H VIII 7
winiscaf st. F.	Bündnis; foedus	
uuiniscaf (a.sg.)	federa	H VIII 8
ubarwinnan st. V.	besiegen; devincere	
ubaruunnomo	devicto	H XXVI 7
piwintan st. V.	umwinden; convolvere, involvere	
piuuant	convolvit in[1])	Luc 730, 52
piuuntanaz	involutum	Luc 731, 49
wir Pron.	wir; nos	Luc 732, 20; 737; 10
	H I 2; 6; 12; 13 II 8; 9; 9; 10; 10	
	III 6 VI 4 VII 1; 12 VIII 9 XII 1	
	XIII 3 XVI 2; 3; 3; 6; XVII 1; 3;	
	3 XVIII 2 XXIII 4 XXIV 4; 5; 6;	
	6; 9; 10; 11; 12; XXV 7; 7 XXVI	
	13; 15 Ps 293, 19; 295, 1; 28; 29;	
	31; 33; 34; 296, 6; 10	
wirden sw. V.	ehren; venerari	
uuirdit	veneratur	H XXVI 1
wirdîg Adj.	würdig; dignus	
uuirdîge	digni	H I 10
uuirdîge	dignos	H I 13
uuirdîh zëbar	digna hostia	H XXI 5
kauuirîch[2]) N.	Sieg; victoria	
kauuirîch (a.pl.)	victoria*s*	H XXII 1

---

[1]) s. Text mit Anm.

[2]) s. Siev. Index S. 93 und Baes. Einführung S. 70 § 43, 11.

kawis Adj.   gewiß, sicher; certus
  kauuissemu   certo   H V 1
  kauuissa (antreitida)   certum (ordo)   H XI 1
  kauuissêm   certis   H XV 1
  kiuuissemu   certo   H XXIV 15
wîsôn sw. V.   besuchen; visitare
  uuisôta   visetavit   Luc 729, 33
uuisôtôtir s. wizzan
ka-, kiuuisso Adv.   aber, denn, nämlich, in der Tat; autem, enim, profecto, namque
       Luc 730, 38 H I 2; 7 II 2

wîstuam M. N.   Weisheit; scientia
  uuîstuam   scientiam   Luc 729, 48
wituwa st. und sw. F.   Witwe; vidua
uuituua   vidua   Luc 735, 37
uuîzaga F.   Prophetin; profetissa Luc 735, 22
wîzzaclîh Adj.   prophetisch; propheticus
  uuîzaclîchiu stimma   prophetica vox   H I 1
wîzzago sw. M.   Prophet; propheta
  uuîzzagin (g.)   prophete   H VIII 9
  uuîzagôno   prophetarum   H XXVI 4
wîzzagôn sw. V.   weissagen; prophetare
  uuîzagôta   profetabat   Luc 729, 30
wizzan Prät.-Präs.   wissen; verneint: nescire, Part. nescius
  ni uuisôtôtir   nesciebatis   Luc 737, 23
  ni uuizzantêr   nesciens   H II 3
  ni uuizzi   nesciat   H III 5; 7
  ni uuizzantêr   nescius   H XV 5

wizzantheit st. F.	Wissen, Gewissen; conscientia	
uuizantheiti (g.)	conscientie	H XXIV 6
uuizzantheiti (g.)	consciencie	H XXIV 13
wîzzi st. N.	Strafe; poena	
uuîzze (d.)	poena (abl.)	H XIX 5
uuîzzi	poena*m*	H XX 4
uuîzzum	poenis	H XXII 3
wîzzinâri st. M.	Folterer; tortor	
uuîzzinârrâ (n.)	tortores	H XXII 4
wîzzinôn sw. V.	bestrafen; punire, damnare	
uuîzzinôn	punire	H I 4
uuîzzinôtôn	damnarunt	H XIX 5
wizzud st. M.	Gesetz; lex	
duruh uuizzud	propter legem	Ps 297, 14
uuola Interj.	o!	H XXI 5
uuolago Interj.	o!	Ps 295, 16
kewonaheit st. F.	Gewohnheit; consuetudo	
keuuoneheiti	consuetudinem	Luc 734, 18
keuuonaheiti	consuitudinem	Luc 736, 17
wort st. N.	Wort, Rede; verbum, sermo	
daz uuort	hoc verbu*m*[1]	Luc 732, 15
pi uuorte	de verbo	Luc 732, 30
uuort	verba	Luc 732, 44
uuort	verbum	Luc 734, 33; 737, 32
in uuorte	in verbo	H III 8 VI 2
		Ps 297, 16
uuort (voc.)	verbu*m*	H VII 3
uuorte	sermone	H XIX 6

---

[1] s. Text mit Anm.

wuafen sw. V.	weinen, jammern; flere, ululare	
uuafta	flebat	H I 5[1])
uuafit	ululat	H XIX 1
wuaft st. M.	Seufzen, Weinen; gemitus, fletus	
uuaftim	gemitibus	H XIX 4
uuofte	fletu	H XXV 7
wuachar st. M.	Frucht; fructus	
mit uuochru	cum fructu	H XXIII 3
uuaragî sw. F.	Übersättigung; crapula	H XVIII 4
wuasten sw. V.	verwüsten; devastare	
uuuastantemu	devastante	H XXI 3
wuasti(n) F.	Wüste; desertum	
in uuastim	in desertis	Luc 730, 3
uuastio sw. M.	Verwüster; vastator	H I 3
wuataren sw. V.	jubilieren; iubilare	
uuatarit	iubilat	H XIX 1
wunnigarto sw. M.	Paradies; paradisus	
uunnigartun	paradysu*m*	H XXI 6
wunta sw. F.	Wunde; vulnus	
uuntôn[2])	vulnera	H XIX 10
uuntôno	vulneru*m*	H XXIV 14
uuntûn	vulnera	H XXIV 16
wuntar st. N.	Wunder; mirum, mirabile	
uuntar	miru*m*	H VI 3
in uunterôn	in mirabilibus	Ps 298, 2

---

[1]) fehlt Siev. Index S. 93.
[2]) dp. Siev. Index S. 93.

wuntarlîh Adj.	wunderbar; mirabilis	
uuntarlîh (lop)	mirabilis (laus)	H VI 5
uuntarlîhe (a. pl.)	mirabiles	H XVII 3
uuntarlîhc	mirabile	H XX 5
wuntarôn sw. V.	sich wundern; mirari	
*uun*trôntiu[1]	mirantes	Luc 734, 52
erwuntarôn sw. V. Pass.	sich wundern; mirari, ammirari	
eruuntrôte uuârun	mirati sunt	Luc 732, 37
eruuntrôte *uuâ*run	ammirati sunt[2]	Luc 737, 4
uuofte s. wuaft		
uuochru s. wuachar		
wurf st. M.	Wurf, Schlag; ictus	
uurfe	ictu	H XX 8
wurchen sw. V.	wirken; operari	
*uuurchant*êm	*operanti*bus	Ps 296, 31
uurza F.	Wurzel; radix	H VIII 6

Z.

za s. ze		
zahar st. M.	Träne; lacrima	
fona zaharim	a lacrimis	Ps 295, 25
zâla st. F.	Gefahr; periculum	
zaala	pericula	Ps 295, 11
zan st. M.	Zahn; dens	
zan	dentem	H III 4
zenim, cenim	dentibus, *-us*	H XXII 4 Ps 296, 6

---

[1] auf Maria und Joseph bezogen.
[2] s. Text mit Anm.

ze, ce, za Präp. mit Dat. — zu, bis zu; ad und beim Gerundium Luc 729, 47; 732, 41; 58; 734, 46; 735, 3; 38; 737, 7; 17 H I 2 II 8; 9 V 5 VIII 9 X 2 XII 1 XVI 4 XVII 1; 1 XVIII 1 XIX 6 XXI 1 XXIV 11 XXVI 6; 8; *8* Ps 293, 25; 296, 25; 297, 6

zëbar st. N. — Opfer; hostia, sacrificium

  zëbar — sacrificium *h*ostiam[1])   Luc 733, 35

  za..zëbare — ad..hostia*m*   H X 2

  zëbar (n., voc.) — hostia   H XII 2 XXI 5

zeichan st. N. — Zeichen; signum

  zeichan — signum   Luc 731, 45

  inzeichan — in signum   Luc 735, 9

  zeicha*n* — signu*m*   H I 4

  duruh zeichan — p*er* signu*m*   H VI 3

  zeichanu*m* — signis   H VII 11

  zeichane — signo   H XIII 2 XVIII 2

zeichanen sw. V. — bezeichnen; signare

  kezeichante — signati   H XXIV 9

zeohan st. V. — ziehen; trahere

  kazokan ist — trahitur   H XVIII 1

zerren sw. V. — zerreißen; scindere

  kizerrit uuarth — scissu*m* e*st*   H XXIV 8

zësawa, zëswa sw. F. — rechte Hand, mit ad: zur Rechten (Gottes); dextera

  zësauûn (d.) — dextera (abl.) H II 1

  zësauua — dextera   H XVI 4

---

[1]) s. Text mit Anm.

za zësuûn	ad dexteram	H XXVI 8
cësuûn (a.)[1]	dextera (abl.)	Ps 293, 1
zilsanc st. N.	Chor; chorus	H VII 5
zît st. F. N.	Zeit; tempus	
zîte	tempore, tempore	H I 1; 11
		XIX 11 XXIV 12; 15
zît daz	tempus hoc	H I 3
sëlbaz..zît	ipsum..tempus	H I 7
zît	(inter) tempus	H XV 2
ziteo	temporum, temporum	H XVIII
		1 XXV 1
cît	tempus	H XXIII 1
zîti	tempora	H XXV 1
zogôn sw. V.	gewinnen; carpere	H XX 4
zuakanc st. M.	Zugang; aditus	
zuakangi (a. pl.)	aditus	H XVIII 2
zuohelpha	Hilfe; adiutorium	Ps 296, 12
zunga sw. F.	Zunge; lingua	
zunga	linguam	H V 4
zunga	lingua (abl.)	Ps 294, 5
zwelf Num.	zwölf; duodecim	
*zuuel*ueo	XII.	Luc 736, 14
zweliwinc Num.	zwölf; duodenus	
zuueliuuinga ruaua	duodenus numerus	H VII 6
zwêne, zwei, zwâ Num.	zwei	
zuuei kenëstidiu turturôno	par turturum	Luc 733, 40
zuuei	duos	Luc 733, 42
zuuiror Adv.	zweimal; bis	H VII 6

---

[1] s. St. S. 300, Baes. Beitr. 69, S. 405.

II. Lateinisches Glossar

a, ab	fona Praep. Luc H Ps
abesse	fër wësan H
ablactare	intspenen sw. V. Ps.
abluere	kawaskan st. V. H
abscedere	kelîdan st. V. H
absistere	fër stantan st. V. H
absolutio	arlôsida st. F. H
absorbere	pisaufen sw. V. Ps
ac	ioh Konj. H
accipere	entfâhan st. V. Luc
actus	tât st. F., katât st. F. H
aculeus	ango sw. M. H
ad	ze, ce, za Praep. Luc H Ps, unzi ze Praep. Luc
ad-	az in verbaler Komposition H
ad invicem	untar im Luc
Adam	adaman (a.) H
adaperire[1]	intuan anom. V. Luc
addere	auchôn sw. V., zuakatuan anom. V. H
adducere	zualeiten sw. V. Ps
adesse	az wësan st. V. H
adfluere	uparcussôn sw. V. H
adhaerere	zuachlîban st. V. H
adicere	zuoauhhan st. V. Ps
aditus	zuakanc st. M. H

---

[1] ad vom Glossator übergeschrieben, v. aperire.

adiutor[1])	hëlfant st. M. H
adiutorium	zuohëlpha st. F. Ps
adlevare	erpurren sw. V. H
admonere	manôn sw. V., môten sw. V. H
adnuere	pauchanen sw. V. H
adorare	zuapëtôn sw. V. H
adquaerere	kasuahhen sw. V. H
adsistere	azstantan st. V. H
adspicere	sëhan st. V. H
adsumere	antfâhan st. V. H
adtemptare	kachorôn sw. V. H
advenire	qhuëman st. V., azqhuëman st. V. H
adventus	chumft st. F. H
adversum	*uui*der Praep. Ps
advocare	keladôn sw. V. H
aeger	siuh Adj. H
Aegyptus	egypt H
aequalis	ëpanlîh Adj. H
aestus	hizza st. F. H
aeternum	êwîn sw. F. H
in aeternum	in êuun, in êuuun H Ps
aeternus	êwîg Adj. H
aether	himil st. M. H
affluere v. adfluere H	
agenda	za tuanne H
agius v. hagius H	

---

[1]) auditor Hs., in der Glossierung verwechselt.

agnoscere   erchennen sw. V. H
agnus   lamb st. N. H
ait   *chuuadh, chuuad* Luc
ala   fëddâh st. M. H
albus   (h)wîz Adj. H
alienigenae   (h)elidiota Ps
in altissimis   in hôhînum H
ex alto   fona hôî H
altus, altissimus[1]   hôh Adj. Luc H
ambulare   kangan st. V. Ps
amen   uuâr H
amicus   friunt st. M. Ps
ammirari[2]   erwuntarôn sw. V. Luc
amum v. hamus H
anastasis   urristî sw. F. H
angelus   engil, angil st. M. Luc H, poto
    sw. M., chundo sw. M. H
anima   sêla st. F. Luc H Ps
animus   muat st. N. M. H
annuere v. adnuere H
annus   iâr st. N. Luc
ante   fora Adv. H
ante   fora Praep. Luc H
antiquus   entrisk Adj. H
anxius   angustlîh Adj. H
aperire[3]   intuan anom. V. Luc H,
    intlûhhan st. V. Ps

---

[1] v. excelsus Luc 732, 1.
[2] ammirati sunt vom Glossator für obstepuerunt.
[3] adaperire vom Glossator.

apostolus	poto sw. M. H
apud	mit Praep. Ps
aqua	wazzer st. N. Ps
ara	altâri st. M. H
archangelus	*archangi*l st. M. H
arguere	refsen sw. V. H
arma	wâfan st. N. Plur. H
armare	wâfanen sw. V. H
Aron	arones (g.) Ps
ascendere	ûfstîgan st. V. Luc
asper	sarf Adj. H
aspicere v. adspicere H	
Asser	*ase*res (g.) Luc
ater	swarz Adj. H
atque	inti ioh Konj. H
auctor	ortfrumo sw. M. H
audire	hôren, kehôren sw. V. Luc
auditor v. adiutor H	
Augustus	êrwirdîg Adj. Luc
aula	chamara st. F. H
auris	ôra sw. N. Ps
aurora	tagarôd st. M. H
ausus	katurstîc Adj. H
autem	keuuisso Adv. Luc, auur Ps
auxilium	hëlfa st. F. H
avaritia	frecchî sw. F. H
azymus	derpi Adj. H
baptismus	taufî sw. F. H
baptizare	taufen sw. V. H

baratrum	hellacruapa st. F. H
beatus	sâlîg Adj. H
bellum	wîc st. M. H
benedicere	wîhen sw. V. Luc H Ps, wëla- qhuëdan st. V. H, wolaqhuëdan st. V. Ps
benedictio	wîhî sw. F. Ps
beneficere	wolatuan anom. V. Ps
bestia	tior st. N. H
Bethelm	bedhlem Luc
bibere	trinchan st. V. H
bis	zuuiror Adv. H
blandus	slëht Adj. H
bonum	cuat, guot st. N. H Ps
bonus	cuat Adj. Luc H Ps
brachium	arm st. M. H
brevis	churt Adj. H
cadere	fallan st. V. H
caecus	plint Adj. H
caelestis	himiliskî sw. F. Luc, himilisc Adj. H
caelum	himil st. M. H Ps
Caesar	keisur st. M. Luc
calcia*mentum*	kescuoi N. Ps
caligo	tunchalî sw. F. H
callidus	fizusêr Adj. fl. H
calor	hizza st. F. H
candidatus	kascônôn sw. V. Part. Praeter. H

candidus	clîzzan st. V. Part. Praes. H
candor	scônî sw. F. H
canere	singan st. V. H
cantare	singan st. V. H
capere	intfâhan st. V. H
captio	gefangida st. F. Ps
captivare	elilentôn sw. V. H
caput	houbit st. N. Ps
carcer	charchâri st. M. H
caritas	minna st. F. H
carmen	sanc st. N. H
caro	fleisc st. N., lîhhamo sw. M. H
carpere	zogôn sw. V. H
castitas	kadiganî sw. F. H
castus	kadigan Adj. Part. H
casus	fal st. M. H
catena	chetinna st. F. H
catholicus	allîh Adj. H
cedere	hengen sw. V., intlâzzan st. V. H
cena	nahtmuas st. N. H
cernere	sëhan, kesëhan st. V. H
certus	kawis Adj. H
Cerubin	cerubin H
cervix	hals st. M. H
chirographum	luzzil kascrip H
chorus	cart st. M., cartsanc st. M., samanunga st. F., zilsanc st. N. H

Christus	wîh Adj. Luc, christ st. M. H
cibus	muas st. N. H
circa	pi Praep. Luc
circuitus	umbinciric st. M. Ps
circumcidere	umbisnîdan st. V. Luc
circumdare	umbisellen sw. V. Ps
circumfulgere	scînan st. V. Luc
civitas	puruc st. F. Luc Ps
clamare	harên sw. V. H Ps
clamor	(h)ruaft st. M. H
claritas	përhtî përehtî sw. F. Luc
clarus	heitar Adj. H
claudere	pilûchan st. V. H
clementissime	kanâdîgôsto (voc.) H
cogitare	denchen sw. V. H
cogitatio	kedanch st. M. Luc
cognatus	kelang Adj. Luc
cognoscere	erchennen sw. V. Luc
colligere v. conligere H Ps	
columba	tuba F. Luc
comes	kasind st. M. H
comitatus	kesindi st. N. Luc
commovere	erweggen sw. V. Ps
con-	ëbano Adv. Luc, saman, samant H
concinere	saman singan H
concipere	entfâhan st. V. Luc
concitus	(h)radalîh Adj. H
concludere	pilûchan st. V. H

conculcare	katrëtan st. V. H
condere	scaffôn sw. V. H
conditor	fëlahanto sw. M., fëlaho sw. M., sceffant st. M., sceffento Part., scheffo sw. M. H
conferre	ëbano tragan st. V. Luc
confidere	ketrû(h)ên sw. V. Ps
conficere	kituan anom. V. H
confiteri	jëhan, gëhan st. V. Luc H
confortare[1])	starchen sw. V., strengen sw. V Luc
confringere	prëchan st. V. H
confundere	kiskenten sw. V. H
coniungere	kafuagen sw. V., kimachôn sw. V. H
conlaudare	samant lobôn sw. V. H
conligere	kelësan st. V. H, samanôn sw. V. Ps
conpendium	kafuari st. N. H
conpetere	kalimfan st. V. H
conrigere	kirihten sw. V. H
conroborare[2]) v. confortare Luc	
conscientia	wizzantheit st. F. H
consentire	kahengen sw. V. H
conservare	haltan, kahaltan st. V. Luc H
conservator[3])	heilant st. M. Luc

---

[1]) v. conroborare.
[2]) vom Glossator getilgt, v. confortare.
[3]) v. salvator.

consolatio	trôst st. M. Luc
consortium	kamachadi N. (?) H
constitutor	kasezzento Part. H
consuetudo	kewonaheit st. F. Luc
consumere	neozzan st. V. H
consummare	enteôn sw. V. Luc
conterere	mullen sw. V. H, farmullen sw. V. Ps
continere	inthabên sw. V. H
contradicere	widarqhuëdan st. V. Luc
contubernium	kimachida st. F. H
converti	(h)warben sw. V. Ps
convolvere	piwintan st. V. Luc
copiosus	kenuhtsam Adj. Ps
cor	hërza sw. N. Luc H Ps
corona	houbitpant st. N. H
corporeus	lîhhamhaft Adj. H
corpus	lîhhamo sw. M. H
corpusculum	lîhamilo sw. M. H
corrigere s. conrigere H	
cottidie	tagauuizzi Adv. H
crapula	uuaragî sw. F. H
creator	sceffant st. M. (voc.), sceffento Part. H
creatura	cascaft st. F. H
credere	kelauben sw. V. H
credulitas	kelauba st. F. H
crepusculum	dëmar st. N. H
crescere	wahsan st. V. Luc

crimen	firina st. F. H
crudelis	crimmi Adj. H
cruor	trôr st. M. H
crux	chrûzi st. N. H
culmen	first st. M. H
culpa	sunta st. F. H
cum	mit Praep. Luc H Ps, denne Konj. Luc H Ps, dô Konj. H
cunctus	al Adj. H
cura	ruacha st. F. H
curare	(h)reinen sw. V. H
currus	reita st. F. H
cursus	(h)lauft st. M. H
custodia	kihaltida st. F. Ps
custodire	haltan, kahaltan, kehaltan st. V. Luc H Ps
damnare	wîzzinôn sw. V. H
dare	këban st. V. Luc H Ps
David	dauides (g.) Luc H
de	fona Praep. Luc H Ps, pi Praep. Luc
debilis	lam Adj. H
debitor	scolo sw. M. H
debitum	sculd st. F. H
debitus	sculdîg Adj. H
decet	kerîsit H
decipere	piswîchan st. V. H
declinare	ka(h)nîgan st. V. H, kêren sw. V. Ps

deducere	keleiten sw. V. Ps
defendere	scirmen, kascirmen sw. V. H
defensor	scirmanto Part., scirmo sw. M. H
deflere	reozzan st. V. H
deglutare	farslintan st. V. Ps
deitas	kotcundî sw. F. H
delere	farcnîtan st. V. H
dens	zan st. M. H Ps
depellere	fartrîban st. V. H
deprecari	pittan st. V. H
deprecatio	kebët st. N. Ps
descendere	nidarstîgan Luc H Ps
deserere	farlâzzan st. V. H
desertum	wuasti(n) F. Luc
desiderare	kërôn sw. V. H
desonare	ka(h)lûten sw. V. H
detegere	intdechen sw. V. H
detinere	pihabên sw. V. H
detrahere	pisprëhhan st. V. Ps
deus	cot st. M. Luc H Ps
devastare	wuasten sw. V. H
devincere	kerîchen sw. V., ubarwinnan st. V. H
devorare	farslintan st. V. H
devotus	kidëht Adj. H
dextera	zësawa, zëswa sw. F. H Ps
diabulus	unholda H
dicere	qhuëdan st. V. Luc H, sprëhhan st. V. Luc

dies   tac st. M. LucH Ps
diffamare **v. divulgare** Luc
dignari   kiwĕrdôn sw. V. H
dignus   wirdîg Adj. H
diligere   minnôn sw. V. H Ps
diluculo   frua in morgan H
diluere   waskan st. V. H
dimetiri   mĕzzan st. V. Ps
dimittere   farlâzzan st. V. Luc Ps
dirigere   rihten sw. V. Luc H
dirus   crimmi Adj. H
discedere   kelîdan st. V. Luc
discernere   untarsceidan st. V. H
discipulus   disco sw. M. H
discriptio[1]   kescrip st. N. Luc
discutere   arscutten sw. V. H
distendere   kadenen sw. V. H
distribuere   teilen sw. V. H
diversorium   casthûs st. N. Luc
dividere   ziteilen sw. V. Ps
divinitas   kotcundî sw. F. H
divinus   kotcund Adj. H
divitiae   ôtmâli st. N. H
divulgare   mâren sw. V. Luc
docere   lêren sw. V. H
doctor[2]   meistar st. M. Luc

---

[1] v. professio.
[2] v. magister

dolere	sêrazzen sw. V. Luc
dolor	sêr st. N. Ps, swĕro sw. M. H
dolosus[1]	sêr Adj. Ps
dolus	fizusheit st. F. H
dominus	truhtîn st. M. Luc H Ps
domus	hîwiski st. N. Ps, hûs st. N. Luc
donare	këban st. V. H
dormire	slâfan st. V. H
ducere	leiten sw. V. H
dulcis	suazzi Adj. H
dum	denne Konj. Luc H, unzi denne Konj. H
duodecim	*zuuel*ueo Num. Luc
duodenus	zweliwinc Num. H
duos	zuuei Num. Luc
durissimus	starchisto Superl. H
dux	leitid st. M. H
e, ex	fona Praep. Luc H Ps
ebrietas	trunchalî sw. F. H
ecce	inu Partikel Luc
ecclesia	chiricha sw. F., samanunga st. F. H
edere	ëzzan st. V. H
edictum	kechuuit st. F. Luc
editus	përan st. V. Part. H
ego	ih Pron. Luc Ps

---

[1] dolus mit dolor verwechselt.

Egyptus v. Aegyptus H
ei — sie Pron. Luc
eius — sîn Pron. Luc H Ps
enim — kauuisso Adv. H
eo — pidiu Konj. Luc
eorum — iro Pron. Luc Ps
ereditati v. hereditas H
ergo — avur Konj., nu Adv. H
erigere — arrihten sw. V. H
eripere — ar(h)retten sw. V. H, kecriffen sw. V., erlôsen sw. V. Ps
error — irrituom st. M. H
eruere — ar(h)retten sw. V. H
esse — wësan st. V. Luc H Ps, wërdan st. V. Luc H
estibus v. aestus H
et — enti Konj. Luc, inti Konj. H Ps, daz Konj. H
etenim — sô Konj. Luc
evangelicus — evangêlisc Adj. H
evangelizare[1]) — cuatspëllôn sw. V. Luc
exaestimare — wânen sw. V. Luc
ex hoc nunc — fona nu, fona *dëmo* nu Ps
exaltare — erheffan st. V. Ps
exaudire — kehôren sw. V. Ps
excelsus[2]) — hôh Adj. Luc H

---

[1]) v. nuntiare.
[2]) v. altus Luc.

de excelsis	fona hôhînum H
excitare	wechen, erwechen sw. V. H
exercitus	heri st. N. Luc H
exire	ûzkangan st. V. Luc
expectare	peitôn sw. V. Luc
exsurgere	erstantan st. V. Ps
extendere	kidenen sw. V. Ps
extinguere	arlesken sw. V. H
extollere	erkeilen sw. V. Ps, erheffan st. V. H
exultare	faginôn sw. V. H, frôôn sw. V. Ps
facere	tuan anom. V. Luc H Ps
facies	anasiuni st. N. Luc, antluzzi st. N. H
factum	kitât st. F. H
fallax	lucki Adj. H
fallere	triugan st. V. H
fames	hungar st. M. H
patria familia	hîwiski st. N. Luc
pater familias	fater hîwisges H
famulus	scalch st. M. H
Fanoel (g.)	*fanoe*les Luc
fastidium	urgawida st. F. H
fateri	sprëhhan st. V. H
favere	hëlfan st. V. H
federa v. foedus H	
ferre	dulten sw. V., fuaren sw. V., pringan st. V. H, nëman st. V. Luc

fervere   strëdan st. V. H

fessus   muadi Adj., armuait Adj. Part. H

festinare   îlen sw. V. Luc

festum   tult st. F. Luc

fidelis   kalaubîg Adj., triuhaft Adj. H

fides   kelauba st. F. H

fieri   wërdan st. V. Luc H Ps, wësan st. V. H Ps

filia   tohter st. F. Luc

filius   barn st. N. Ps, sun st. M. H Ps, chind st. N. M. Luc H (Ps)

finis   enti H

firmus   festi Adj. H

flammeus   laugîn Adj. H

flatus   plâst st. M. H

flectere   piugan st. V. H

flere   wuafen sw. V. H

fletus   wuoft st. M. H

foedus   winiscaf st. F. H

fons   prunno sw. M. H

forma   pilidi st. N., kilîhnissa st. F. H

formidare   furihten sw. V. H

forsitan   ôdouuîla Adv. Ps

forte   ôdouuîla Adv. Ps

fortissimus   starchisto Superl. H

fortiter   *starchlîcho* Adv. H

fosphorus v. phosphorus H

frangere   arprëchan st. V. H

fraus   nôtnumft st. F. H

fretum	kiozo sw. M. H
frons	endin st. N. H
fructus	wuachar st. M. H
frustra	aruûn H
fulcire	arspriuzzen sw. V. H
fulgere	scînan st. V. H
fulgidus	përaht Adj. H
fundare	studen sw. V. H
fundere	kcozzan st. V. H
funus	(h)rêo st. N. H
furor	heizmuoti N. oder -î F. Ps
fuscare	kaswerzen sw. V. H
Galaad	galaad Ps
Galilea	galilea, kawimëz, gewimëz st. N. H
gallus	hano sw. M. H
gaudere	menden sw. V. H
gaudium	mendî sw. F. Luc H
gemere	chuëran st. V., sûftôn sw. V. H
gemitus	wuaft st. M. H
gens	deota st. F. Luc, chunni st. N. H
genu	chneo, chniu st. N. H
genus	chunni st. N. H
gerere	tragan st. V. H
gestare	tragan st. V. H
gladius	wâfan st. N. Luc
gloria	tiurida st. F. Luc H
glorificare	(h)ruamen sw. V. Luc, tiuren sw. V. H

gloriosus	tiurlîchêr Adj. fl. H
gradi	kân st. V., gangan st. V. H
gradus	staffo sw. M. H
grates	danchâ st. M. Plur. H
gratia	anst st. F. Luc H
gratis	arauuingûn Ps
gravis	swâri Adj. H
grex	chortar st. N. Luc
gubernare	stiuren sw. V. H
gula	kîtagî sw. F. H
gurges	wâg st. M. H
gustare	chorôn sw. V. H
habere	eigan anom. V., habên sw. V. H
habitaculum	kapûid st. N. H
habitare	bûan sw. V. Ps
hagius	wîh Adj. H
hamus	angul st. M. H
hereditas	erbi st. N. H
hic, haec, hoc	dër, diu, daz Pron. Luc H Ps, dësêr, dësiu, diz Pron. Luc H
Hierusalem	hierusalem Ps
hodie	hiuto Adv. Luc
homo	man st. M. Luc H Ps
honor	êra st. F. H
hora	(h)wîla st. F. Luc H, stunta st. F. H
horrere	leidlîchên sw. V. H
horridus	egislîh Adj. H

horror egiso sw. M. H
hostia zëbar st. N. Luc H
hostis fîant st. M., heri st. N. H
humanus mannaschîn Adj. H
humectus fûhti Adj. H
humiliare (Pass.) deomuoten sw. V. (Pass.) Ps
humilis deodraft Adj., nidari Adj. H
humiliter *in* deohmuatî Ps
hymnus lop st. N., lopsanc st. M. H

iacere lickan st. V. H
iam giu Adv. H
ianua turi st. F. H
ibi dâr Adv. Luc
ibidem dare Adv. H
ictus wurf st. M. H
idem sëlbo Pron. Luc
Idumea idumea Ps
ieiunium fasta sw. F. Luc
Jesus heilant st. M. Luc H, christ st. M. H
ignis fiur st. N. H
ignoscere pilâzzan st. V. H
ille, illa, illud dër, diu, daz Pron. Luc H Ps, ër Pron. Luc H
illi sie Pron. Luc
imago kilîhnissa st. F., manalîcha st. F. H
immaculatus ungauuemmit Adj. Part. H

immolare	slahtôn sw. V. H
imperium	kapot st. N. H
impetus	ana(h)lauft st. M. H
impie	suntlîcho Adv. H
impius	kanâdilôs Adj. H
implere	erfullen sw. V. Luc
in	in Praep. Luc H Ps, (mit Praep. Luc)
incessabilis	unbilibanlîh Adj. H
inchoare	inkinnan st. V. H
incitare	kaanazzen sw. V., kacruazzen sw. V. H
inclinare	(h)neigen sw. V. Ps
increpare	refsen sw. V. H
inducere	inleiten sw. V. Luc H, nëman st. V. Luc
indulgentia	antlâzzida st. F. H
inenarrabilis	unrachaft Adj. H
iners	unfruat Adj. H
infans	chind st. N. M. Luc
infernum	hella st. F. Ps
infernus	pëch st. N. H
ad inferos	za hellôm H
inferre	anapringan st. V. H
informare	kascaffôn sw. V. H
infundere	ingeozzan st. V. H
ingenitus	ungaporan Adj. Part. H
inimicus	fîant st. M. Ps
iniquitas	unrëht st. N. H Ps
(in)labi	slîfan st. V. H

inlibatus	unpawollan Adj. Part. H
inludere	triugan st. V. H
inluminare	leohten, liuhtan sw. V. Luc H, kaleohten, kaliuhten sw. V., inleohten, sw. V. H
inmensus	unmëzzîg Adj., ungimëzzan Adj. Part. H
inmobilis	unga(h)ruorîg Adj. H
inplicare	inkifaldan st. V. H
inprobus	unchûski Adj. H
inquam	quuad H
inquinare	un(h)reinen sw. V. H
inruere	anaplesten sw. V. H
insanus	unheilâri st. M. H
insidiari	lâgôn sw. V. H
insuper	ub*ar*, *ubar* Praep. Luc
intellegere	farstantan st. V. Luc
intendere	anawartôn sw. V. Ps
inter	untar Praep. Luc
interrogare	frâgên sw. V. Luc
intolerabilis	unfardraganlîh Adj. Ps
intonare	donarôn sw. V. H
intrare	incân st. V. H
invenire	findan st. V. Luc Ps
investigator	spurrento sw. M. H
ad invicem	untar im Luc
invictus	unuparwuntan Adj. Part. H
invidere	abanstôn sw. V., (katarôn sw. V.) H

invidus	apanstîg Adj. H
invocare	kinemmen sw. V. Ps
involvere	piwintan st. V. Luc
ipse	sëlbo Pron., ër sëlbo Pron. Luc H Ps,ër, hër Pron. Luc Ps
ipsi	sie Pron. Luc
ira	kapuluht st. F. H
irasci	arbëlgan st. V. Ps
ire	kangan st. V. Luc
is, ea, id	dër, diu, daz Pron., ër Pron. Luc H Ps
Israhel	israhel Luc H, liut st. M. N. H
iste	dësêr Pron. Luc H, dër Pron. H
iter	sindh st. M. Luc
iubar	heitarnissa st. F. H
iubere	kapeotan st. V. H
iubilare	wuataren sw. V. H
Juda	iudas Ps
Judaea	*iudea* Luc
iudex	suanâri st. M. H
iugis	simblîg Adj. H
iugiter	amazzîgo Adv., simblum Adv. H
iungere	kemachôn sw. V. H
iurare	swerren st. V. Luc
iusiurandum	rëhtêr eid Luc
iussum	kapot st. N. H
iustus	rëht Adj. Luc H Ps
iuxta	pi Praep. Luc

labi[1])	pisliffen sw. V. H
labor	arabeit st. F. H
lacrima	zahar st. M. Ps
laedere	katarôn sw. V., keterren sw. V. H
laetari	frauwôn, frôôn sw. V. H
laetus	frô Adj. H
lampas	leohtfaz st. N., leohtkar st. N. H
lapis	stein st. M. H
lapsus	slip st. M. Ps
laqueus	seid st. N. Ps
lascivus	wanchônti Adj. Part. H
latere	lûzzên sw. V. H
latro	diub st. M. H
laudabilis	lobhaft Adj., loblîh Adj. H
laudantes 732, 50 v. glorificare Luc	
laudare	lobôn sw. V. Luc H Ps
laus	lob st. N. H
lavare	waskan st. V. H
lebes	(h)wer st. M. Ps
lex	êwa st. F. Luc H, wizzud st. M. Ps
liber	frî Adj. H
liberare	erlôsen sw. V. H Ps
ligare	pintan st. V. H
lingua	zunga sw. F. H Ps
linquere	farlâzzan st. V. H
locare	kastatôn sw. V. H
locus	stat st. F. Luc

---

[1]) v. (in)labi.

loqui   sprëhhan st. V. Luc Ps
lubricum   slëffarî sw. F. H
lubricus   slëffar Adj. H
lucifer   tagastërn, tagestërn st. M. H
lues   un(h)reinî sw. F. H
lumen   leoht st. N. Luc H
luna   mâno sw. M. H
lux   leoht st. N. H
luxus   flusc st. M. H

magister   magister st. M. H, meistar st. M. Luc
magnificare 732, 52 v. laudare Luc
magnus   michil Adj. Luc H Ps
maiestas   meginchraft st. F. H
maior   mêro Kompar. Ps
malesuada   (h)upilo spano H
malum   ubil st. N. H, ubilî sw. F. Ps
malus   ubil Adj. H
Man*asses*   man*asses* Ps
manere   wësan st. V. H
manipulos   garbâ st. F. Plur. Ps
manus   hant st. F. Luc H Ps
in manus ulnas   in elinpogun Luc
mare   meri st. N. H
Maria   maria sw. F. Luc
martyr   urchundo sw. M. H
masculum, -inum   comman cunt chuni Luc
mater   muater st. F. Luc Ps
matutinus   morganlîh Adj. Ps

maxime	meisto Superl. (voc.) H
medicus	lâchi st. M. H
medium	mittilôdi st. N. Luc
medius	mitti Adj. H
memento	gihugi (imper.) H
memorari	kehukit wësan Luc
mens	muat st. N. M. H
mercari	archaufen sw. V. H
mereri	kafrêhtôn sw. V. H
meridies	mitti tak H
meritum	frêht st. F. H
metus	forahta sw. F. H
meus	mîn Pron. Luc Ps
micare	scînan st. V. H
miles	dëgan st. M., chnëht st. M. H
militia	chamfheit st. F. Luc
mirabile	wuntar st. N. Ps
mirabilis	wuntarlîh Adj. H
mirari	wuntarôn, erwuntarôn sw. V. Luc
mirum	wuntar st. N. H
miser	wênag Adj. H
misereri	kenâden sw. V. Ps
misericordia	kenâda st. F. H Ps
misericors	kenâdîgêr Adj. fl. Ps
mitescere	kistillên sw. V. H
Moab	moab Ps
modus	mëz st. N. H
mons	përeg st. M. Ps
montanus	përgâri st. M. Luc

mora	twâla sw. F. H
mori	arstërpan st. V. H
mors	tôd st. M. Luc H Ps
mortuus	tôt Adj. H Ps
(Moses), Mosi	dës movsenes Luc
mucro	wâfan st. N. H
mulier	chuuëna sw. F. H
multitudo	managî sw. F. Luc H
multus	manag Adj. Luc H
mundare	(h)reinen sw. V. H
mundus	(h)reini Adj. H
mundus	wëralt st. F. H
munerari	lônôn sw. V. H
munus	këba st. F., gift st. F., lôn st. N. M. H
mutare	mûzzôn sw. V. H
mysterium	karûni st. N. H
nam	inu Konj. H
namque	kauuisso Adv. H
natura	kapurt st. F. H
natus	chind st. N. M. H
natus	përan st. V. Part. Luc
nauta	ferro sw. M. H
ne	min Konj., ni Konj. H, ni Neg. H Ps
nec	noh Konj. H
negare	laugenen sw. V. H
nemo	neoman Pron. H

nequaquam	neonaltre Adv. H
neque	noh, noh ni Neg. Ps
nescire	wizzan Praet.-Praes. verneint durch ni Luc H
nescius	wizzan Praet.-Praes. Part. verneint durch ni H
nex	slahta st. F. H
nihil	neoweht Pron. Ps
nisi[1]	ûzzan Konj. Ps
nitere	scînan st. V. H
nitor	clîz st. M., scîmo sw. M., scônî sw. F. H
nobile (abl.)	adallîcho Adv. H
nocere	terren sw. V. H
nocturnus	nahtlîh Adj. H
nodus	reisan st. N. H
nolle	keosan st. V. verneint durch ni Luc
nomen	namo sw. M. Luc H Ps
non	nalles Neg. Luc Ps, ni Neg. Luc H Ps
non est	nist Ps
nona	niunta uuîla H
nonne	inu ni Partikel Ps
nos	wir Pron. Luc H Ps
noster	unsêr Pron. H Ps
notus	chund Adj. Luc

---

[1] v. prius(quam) nisi Luc.

17*

novus	niuwi Adj. H
nox	naht st. F. Luc H Ps
nudata	kinachatôtiu (n. pl. n.) H
nullus	niheinêr Pron. H
numerus	ruaua st. F. H
nunc	nu Adv. Luc H
ex hoc nunc	fona nu, fona *dëmo* nu Ps
nuntiare	cuatspëllôn sw. V. Luc
o!	uuola Interj. H, uuolago Interj. Ps
obligatio	pintan st. V. Gerund. Ps
observare	picaumen sw. V. H, haltan st. V. Ps.
obsecratio	piswart (piswarti, -î) F. Luc
obstupere	stobarôn sw. V. H
obtundere	kaganpliuwan st. V. H
obviam	cagan, kagani Adv. H
occasus	sëdal st. N., sëdalcanc st. M. H
occultus	taugan Adj. H
occupare	pihabên sw. V., pifâhan st. V. H
occurrere	inkagan, kagan (h)laufan st. V. H
octo	ahto Num. Luc
octogesimus	ahtozo Num. Luc
oculus	auga sw. N. Luc H Ps
odium	fîantscaf st. F. Ps
odoramentum	stanch st. N. H
offerre	offarôn sw. V. H
omnipotens	almahtîg Adj. H
omnis	al Adj. Luc H Ps, eocalîh Pron. H, eocowelîh (-ki-) Pron. Luc H

operari	*wurchen* sw. V. Ps
oportet	ketrekit Luc
ops	êht st. F. H
opus	wërahc st. N. H
orare	pëtôn sw. V., pittan st. V. H
oratio	piswart (piswarti, -î) F. Luc, kebët st. N. Ps
orbis	umbiwurft st. F. Luc H
ordo	antreitî sw. F., antreitida st. F. H
oriens	ûfchumft st. F., ûfchuuëmo sw. M. Luc
ornare	kascônôn sw. V. H
orruisti, orride v. horrere, horridus H	
ortus	ûfganc st. M. H
os	mund st. M. H Ps
osanna	kahaltan st. V. Imper. H
osculare	chussen sw. V. H
ostendere	augen, keaugen sw. V. Luc H
ostensio	keaugida st. F. Luc
otium	fîrra st. F. H
ovis	scâf st. N. H
pallere	pleichên sw. V. H
palma	siginumft st. F. H
pandere	inlûchan st. V., spreiten sw. V. H
panis	prôt st. N. H
pannum	lahhan st. N. Luc
par turturum	zuuei kenëstidiu turturôno Luc
paraclitus	pirnanto Part. fl., trôst st. M. H

paradisus	wunnigarto sw. M. H
parare[1])	kekarawen sw. V. Luc
parentes	catalingâ fordoron aldo, catalinge Luc
parere	përan st. V. Luc
parvulus	luzzil Adj. Ps
pascha	ôstrûn sw. F. Plur. H
paschalis	ôstarlîh Adj. H
passer	sparo M. Ps
passio	drûunga st. F. H
pastor	hirti st. M. Luc
pater	fater st. M. Luc H
patera	chelih st. M. H
pater familias v. familias H	
paternus	faterlîh Adj. H
pati	dulten sw. V. H
patria familia v. familia Luc	
Paulus	paul H
pavere	furahten sw. V. H
pavescere	erfurahten sw. V. H
pax	fridu st. M. Luc H Ps
peccator	suntîg Adj. Ps
peccatum	sunta st. F. H
pectus	prust st. F. H
pendere	hangên sw. V. H
penitentie s. poenitentia H	
per	duruh Praep. Luc H, ubar, uber Praep. H

---

[1]) perparare Glossator.

perdere	farleosan st. V. H
perditus	unkalaupîg Adj. H
perennis	êwîg Adj., simblîg Adj. H
perfectus	duruhnoht Adj. H
perficere[1])	duruhtuan anom. V. Luc H
pergere	faran st. V. H
periculum	zâla st. F. Ps
perisse	farloranan Part. fl. H
permanere	duruhwësan st. V. H
perparare v. parare Luc	
perpes	emazzîg Adj. H
in perpetuum	êuuon, in êuun H
personare	(h)lûten sw. V. H
pertransire	duruhfaran st. V. Luc Ps
pervertere	pisturzen sw. V. H
pervigil	thurahwachar Adj. H
pervigilare	duruhwachên sw. V. H
pes	fuaz st. M. H Ps
(Petrus), Petri	peatres, pietres H
(Pharao), pharaonis	faraones H
phosphorus	tagastërn st. M. H
pius	kenâdîg Adj. H
placere	lîchên sw. V. H
planta	sola sw. F. H
plasmare	kascaffôn sw. V., kasceffen st. V. H
plausus	slag st. M. H
plebs	liut st. M. N. H

---

¹) perficere getilgt, v. consummare Luc 736, 19.

plenus   fol Adj. Luc H
poculum   lîd st. N. H
podor v. pudor H

poena   wîzzi st. N. H
poenitentia   (h)reuwa sw. F. H
polluere   kawemmen sw. V. H
polus   himil st. M. H
pompa   keilî sw. F. H
ponere   setzen, kesezzen sw. V. Luc
pontus   sêo st. M. H
populus   folch st. N. Luc H Ps, liut st. M. N. Luc H

poscere   pittan st. V., fërgôn sw. V. H
posse   magan Praet.-Praes. H
possidere   pisizzan st. V. H
post   after Praep. Luc H
postmatutinus   aftermorganlîh Adj. H
postquam   after diu Konj., pidiu Konj. Luc
potens   mahtîg Adj. H
potestas   kiwaltida st. F. H
potus   lîd st. N. H
praeclarus   duruhheitar Adj. H
praeco   foraharo sw. M. H
praedicare   prëdigôn sw. V. H
praedicere   foraqhuëdan st. V. H
praedium   êht st. F. H
praegnans   swangar Adj. Luc
praeire   forakân st. V. Luc
praemium   lôn st. N. M. H

praesepium	parno sw. M., chripia sw. F. Luc
praeses	forakesazto Part. Luc
praestare	farlîhan st. V. H
praeterire	furigangan st. V. H, furifaran st. V. Ps
praevenire	qhuëman st. V. H
praevius	forakân st. V. Part. H
pravus	abah Adj. H
precari	pittan st. V. H
pretiosus	tiuri Adj. H
pretium	wërd st. N. H
prima, primum	êrist Adj. Luc H
primogenitus	êrist poran Luc H
primordium	frumiscaft st. F. H
primus	êristo Num. H
princeps	furisto Superl. H
priusquam	êr denne Konj. Luc
prius(quam)[1]) nisi	ûzan êr Konj. Luc
pro	pi Praep. Luc H Ps, fora Praep. Luc
probrosus	itwîzlîh Adj., unchûski Adj. H
procedere	framgangan st. V. Luc
proclamare	foraharên sw. V. H
prodere	mëldên sw. V. H
profecto	kiuuisso Adv. H
profectus	fart st. F. H
proferre	frampringan st. V. H

---

[1]) quam vom Glossator getilgt.

professio	kescrip st. N. Luc
(proficisci)[1]	faran st. V. Luc
profiteri v. proficisci Luc	
profunda	tiufîn sw. F. H
profundus	tiuf Adj. H Ps
promissum	kaheiz st. M. H
promptus	funs Adj. H
pronuntiare	forachunden sw. V. H
pronus	framhaldêr Adj. fl. H
propere	îlîco Adv. H
propheta	wîzzago sw. M. H
prophetare	wîzzagôn sw. V. Luc
propheticus	wîzzaclîh Adj. H
profetissa	wîzaga F. Luc
propitiatio	kenâda st. F. Ps
propter	thurah Praep. H, duruh Ps
prosper	prûchi Adj. H
prosternere	nidarspreiten sw. V. H
protegere	scirmen sw. V. H
provehere	framfuaren sw. V. H
providus	kawar Adj. H
provocare	cruazzen, ka-cruazzen sw. V. H.
proximus	nâh Adj. H
prudentia	clauwida st. F. Luc
psallere	singan st. V. H
psalmus	salmo sw. M. H

---

[1] statt profiteri ist proficisci übersetzt Luc 730, 22 und 730, 31.

publicus	(h)lûtmâri Adj. H
pudicitia	kahaltanî sw. F. H
pudor	kadiganî sw. F. H
puer	chind st. N. M., chnëht st. M. Luc
pullos	iungi huaninchili Luc
pulsare	chlochôn sw. V. H
punire	slahan st. V., wîzzinôn sw. V. H
purificatio	(h)reinidassi F. Luc
purus	(h)lûtar Adj., (h)reini Adj. H
pussilli	luzcile Ps
putare	wânen sw. V. Luc
quaerere	suahhen sw. V. Luc H, pittan st. V. H
quantotius	sô horsco H
quaterni	feor Num. H
quattuor	feor Num. Luc
-que	ioh Konj. H, enti Konj. Luc
quemadmodum	diu mëzu (instr.) H
qui, quae, quod	dër, diu, daz Pron. Luc H Ps, du Pron. Ps, wir Pron. H
quia	danta Konj. Luc H Ps, daz Konj. Luc Ps
quid	(h)waz Pron. Luc H
quietus	stilli Adj. H
quis	(h)wër Pron. H Ps
quod	daz Konj. Luc H
quondam	giu Adv. H
quoniam	pidiu Konj. Ps

quoque	auh, ouh Konj. H
radius	scîmo sw. M. H
radix	uurza F. H
re-	auar, auur Luc H, widar H
reclinare	kesezzen sw. V. Luc
rector	rihto sw. M. H
rectus	rëht Adj. Ps
reddere	erkëban st. V., këltan st. V. H
redemptio	urlôsida st. F. Luc, urchauf st. M. H, erlôsida st. F. Ps
redemptor	chaufo sw. M. H
redimere	erchaufen sw. V. H, erlôsen sw. V. Ps
redire	(h)warben sw. V. Luc, (h)wërban st. V. H
reducere	avur pringan st. V. H
referre	avur pringan st. V. H
refulgere	arscînan st. V. H
refundere	kageozzan, avur keozzan st. V. H
regere	rihten sw. V. H
regia	porta sw. F., turi st. F. H
regio	lantscaf st. F. Luc
regnum	rîchi st. N. H
regula	spratta sw. F. H
relaxare	intlâzzan st. V. H
religare	kapintan st. V. H
remanere	pilîban st. V. Luc H
remissio	antlâz st. M. Luc

remittere	farlâzzan st. V. H
remunerator	lônâri st. M. H
renasci	itporan wërdan H
repellere	ferscurgen, widarscurgen sw. V. H, fartrîban st. V. Ps
replere	erfullen sw. V. H
reprimere	kadûhen sw. V. H
requies	rauua (= ruawa) st. F. H, restî sw. F. Ps
requirere	suahhen, auar suahhen sw. V. Luc
res	racha st. F. H
reserere	intsperren sw. V. H
respicere	sëhan, kesëhan st. V. H
responsum	antwurti st. N. Luc
resurgere	erstantan st. V. H
resurrectio	urrista st. F. Luc
resuscitare	erwechen sw. V. H
retundere	widarpliuwan st. V. H
reus	karasentêr Part., sculdîg Adj. H
revectare	widarfuaren sw. V., auuar tragan st. V. H
revelare	entrîhan st. V. Luc
revelatio	antrîhida st. F. Luc
reverti	(h)warben sw. V. Luc, hwërban st. V. H
rex	chuninc st. M. H Ps
rixa	pâga st. F. H
rogare	pittan st. V. H
ros	tau st. N. H
roseus	rôsfaro Adj. H

rota	rad st. N., speicha sw. F. H
ruber	rôt Adj. H
ruina	fal st. M. Luc
rursus	avur Konj. H
rutilare	lohazen sw. V. H
Sabaoth	hêrro sw. M. H
sacer	heilag Adj., wîh Adj. H
sacrare	heilagôn sw. V. H
sacrificium	zëbar st. N. Luc
saeculum	wëralt, wërolt st. F. H Ps
saevus	sarf Adj. H
salus	heilî sw. F. H
salutare	heil st. N. Luc
salvator[1])	heilant st. M. Luc H
salvus	kahaltan st. V. Part. Praeter. H Ps
sancire	heilagôn sw. V. H
sanctus, sanctum	wîh Adj., pronominal flektiert auch substantivisch Luc H Ps
sanguis	pluat st. N. H
sapientia	spâhida st. F. Luc
sator	sâio sw. M. H
scandere	chlimban st. V. H
scientia	wîstuam M. N. Luc
scindere	zerren sw. V. H
scribere	scrîban st. V. Luc
se	sih Pron. Luc H

---

v. conservator Luc 731, 39.

secretus	taugan Adj. H
sectari	folgên sw. V. H
secundare	kaprûchen sw. V. H
secundum	after Praep. Luc
sed	ûzzan Konj. H Ps
sedere	sizzan st. V. Luc H
sedes	sëz st. N. H
sedule	amazzîgo Adv. H
segregare	suntarôn sw. V. H
semper	simbulum, simblum Adv. H
sempiternus	êwîg Adj., simblîgêr Adj. fl. H
seni	sëhs Num. H
senior	hêriro Kompar. H
sensus	huct, inhuct st. F. H
sentire	intfindan st. V. H, farstantan st. V. Ps
septies	sibun stuntôn H
septimus	sipunto Num. H
serenare	heitaren sw. V. H
serenus	heitarêr Adj. fl. H
sermo	wort st. N. H
serpens	nâtara sw. F. H
servire	deonôn sw. V. Luc
servulus	schalchilo sw. M. H
servus	scalch st. M. Luc H
sexies	sëhstuntôm H
si	ubi Konj. H Ps, ibu Konj. H
sibi	imu, im Pron. Luc H
sic	sô Adv. Luc H
Sicima	ewilendi st. N. Ps

sicut	eo sô H, sôsô Ps
sidus	himilzeichan st. N. H
signare	zeichanen sw. V. H
signum	zeichan st. N. Luc H
Sileas	sileas H
similare[1])	kalîchisôn sw. V. H
similis	kalîh Adj. H
simul	saman H
simulare v. similare H	
sinceritas	(h)lûtrî sw. F. H
sine	âna Praep. H
sinere	lâzzan st. V. H
singuli	einluze Adj. Luc H
sinus	puasum st. M. Ps
Sion	sion Ps
sistere	sezzen sw. V. Luc
sol	sunna sw. F. H
solliciti	sorgênte Part. fl. H
solus	ein Pron. H
solvere	in-, intpintan st. V., këltan st. V., erlôsen sw. V. H
somniare	insweppen sw. V. H
somnolentus	slâfilîn Adj. H
somnus	slâf st. M. H
sonare	(h)lûten sw. V. H
sopitus	slâfrag Adj. H
sopor	slâf st. M. H
sors	(h)lôz st. N. Ps

---

[1]) simulata Hs.

sperare	wânen sw. V. H Ps
spernere	farmanên sw. V. H
spes	wân st. M. H
spiritus	âtum st. M. Luc H, keist st. M. H
splendere	scînan st. V. H
splendidus	heitar Adj., scôni Adj. H
splendor	scîmo sw. M. H
sponsare	mahalen sw. V. Luc
sponsus	prûtigomo sw. M. H
stare	stantan st. V. Luc
statuere	kesezzen sw. V. H
stella	stërn st. M. H
stola	kawâti st. N. H
stopebant v. stupere Luc	
stratum	strô st. N. H
strenue	snëllîcho Adv. H
strenuus	kambar Adj. H
stultus	tulisc Adj. H
stupere	erqhuëman st. V. Luc
sub	untar Praep. H
subditus	deodraft Adj. H
subdolus	piswichilîn Adj. H
subito	châhûn câhûn Adj. Luc
sublimis	hôh Adj. H
subrepere	untarchrësan st. V., untarsliufan st. V. H
subrie	triulîcho Adv., urtrûhlîcho Adv. H
subrietas	urtrûhtida st. F. H
subripere	untarchriffen sw. V. H

subrius	urtrûhti Adj. H
subsistere	untarwësan st. V. H
substantia	kapurt st. F. H
subvenire	hëlfan st. V. H
succedere	folgên sw. V. H
sumere	neozzan st. V. H
summus	opanôntîg Adj. H
super	ubar, uber Praep. Luc H Ps
superbia	keilî sw. F. H
supplex	pittan st. V. Part., ka(h)nígan st. V. Part. Praeter. H
surgere	erstân st. V., erstantan st. V. H
susceptio	antfanc st. M. Ps
suscipere	ant-, intfâhan st. V. H
suscitare	wechen sw. V. H
suspendium	ûfhengida st. F. H
sustinere	fardolên sw. V., kestân mit dat. m. des Pron. ër Ps
sustollere	ûfpurren sw. V. H
suus	sîn Pron. Luc H Ps, iro, ira Pron. Luc
Syraphin	siraphin H
Syria	siria Luc
tabernaculum	selida sw. F. Ps
tacere	swîgên sw. V. Ps
tandem	(h)wenneo H
tanti	sô michiles H
tartara	hellawîzzi st. N., pëch st. N. H

tegere	dechen, pidechen sw. V. H
templum	hûs st. N. Luc, halla st. F. H
temptatio	chorunga st. F. H
tempus	zît st. F. N. H
tenebrae	finstrî sw. F. Plur. H
tenebricare	finstrên sw. V. H
tenere	habên, pihabên sw. V. H
ter	driror Num. H
terminus	marcha st. F. H
terni	drisge Adj. H
terra	ërda st. F. Luc H Ps
terror	egiso sw. M. H
tertius	dritto Num. H
testamentum	êwa st. F. Luc
testis	urchundo sw. M. H
thronus	anasëdal st. N., anasidili st. N. H
timere	furahten, furihten sw. V. Luc Ps
timor	forahta sw. F. Luc H
timoratus	forahtalêr Adj. fl. Luc
tollere	nëman st. V. H
torredus	rôsten sw. V. Part. Praeter. H
torrens	lewinna sw. F. Ps
tortor	wîzzinâri st. M. H
totus	al Adj. H
tradere	sellen sw. V. H
trahere	zeohan st. V. H
trames	pfad st. M. H
transire	faran st. V. Luc, duruhfaran st. V. H
transitus	ubarfart st. F. H

tremere   pipên sw. V. H
tres getilgt Luc 736, 45, v. triduum
tribuere   këpan st. V. H
tribulatio   arabeit st. F. Ps
tribus   chunni st. N. Luc
post triduum   after drim tagum Luc
trinitas   driunissa st. F. H
trinus   drisgi Adj. H
tristis   cremizzi Adj. H
triumphalis   siganumftilîh Adj. H
triumphans   sigufaginônt Part. H
triumphare   ubarsigirôn sw. V. H
trudere   kapintan st. V. H
tu   du Pron. Luc H Ps
tumulus   crap st. N. H
tunc   denne Adv., dô Adv. H
tundere   pliuwan st. V. H
turpis   unchûski Adj. H
turtur   turtur Luc
tuus   dîn Pron. Luc H Ps
typus   pauchan st. N. H
tyrannus   dës palouues uuarc H

ullus   einîg Adj. H
ulnas v. manus Luc
ululare   wuafen sw. V. H
umbra   scato st. M. Luc H
umquam   eonaltre Adv. H
ungula   chlâwa st. F. H
unicus   einag Adj. H

unigenitus	einporano Part. fl. H
universus	al Adj. Luc H
unus	ein Pron., Num. H
urgere	peiten sw. V. H
usque ad	uncin ce Praep. Ps
usque in	unzan in, unzi in, uncin in Praep. Luc H Ps
ut	daz Konj. Luc H Ps, sô, eo sô Adv. Luc H
uterus	innôdi st. N. Luc, (h)rëf st. N. H
uxor	chuuëna sw. F. Luc
vagus	irri Adj. H
vastator	uuastio sw. M. H
vel	ërdu Konj. H
velum	lachan st. N. H
velut	eo sô Adv. H
venans	weidenônti Part. Ps
venenum	eitar st. N. H
venerandus	êrhaft Adj. H
venerari	êrên sw. V., wirden sw. V. H
venire	qhuëman st. V. Luc H
venit Luc 734, 7; 737, 37 v. dicere	
venter	wamba st. F. H
venturus	chumftîg Adj. H
verbum	wort st. N. Luc H Ps
vere	wâro Adv. H
vero	avur Konj. H
vertex	sceitilo sw. M. H
verus	wâr Adj., wârhaft Adj. H

vesper	âband st. M., âbandstërn st. M. H
vester	iuwêr Pron. Ps
vestigium	spor st. N. H
vestimentum	kawâti st. N. H
veternus	alt Adj. H
vexillum	siginumft st. F. H
via	wëc st. M. H
viare	wëgôn sw. V. H
vices	kaganlôn st. N. H
vicinus	kepûro sw. M. Luc
victima	frisginc st. M. H
victor	sigesnëmo sw. M., sigouualto sw. M. H
victoria	kauuirîch N. H
videre	sëhan, kasëhan st. V. Luc H
vidua	wituwa st. sw. F. Luc
vigil	wachar Adj. H
vigilare	wachên sw. V. Luc H
vigilia	wahta st. F. Luc
vigor	wahsamo sw. M. H
vincere	kerîchen sw. V. H
vincire	kapintan st. V. H
vinculum	pant st. N. H
vinum	wîn st. M. H
vir	man st. M. Luc
vires	chraft st. F. Plur. H
virga	kerta st. F. Ps
virginitas	magathheit st. F. Luc
virgo	magad st. F. H

virtus	chraft st. F. H Ps
vis	nôt st. F. H
viscera (Plur.)	innôdi st. N. Luc H
visitare	wîsôn sw. V. Luc
visus	kasiuni st. N. H
vita	lîp st. M. H
vitare	mîdan st. V. H
vitium	âchust st. F. H
vivere	lëbên sw. V. Luc H Ps
vivus	lëbên sw. V. Part. Ps
vixillum v. vexillum	
vocare	nemmen sw. V. Luc, namôn sw. V. H
voluntas	willo sw. M. Luc H
volvere	waldan st., V., wëllan st. V. H
vos	ir Pron. Luc Ps
votum	antheizza sw. F. (?) H
vox	stimma, stimna st. F. H Ps, stimmî sw. F. H
vulnus	wunta sw. F. H
vultus	antlutti, antluzzi st. N. H
vulva	wamba st. F. Luc
ymnum v. hymnus	

Literatur

Analecta Hymnica Medii Aevi, ed. Cl. Blum und G. M. Dreves, unveränderter Nachdruck Frankfurt 1961, zitiert: Drev.
G. Baesecke, Einführung in das Althochdeutsche, München 1918, zitiert: Baes. Einf.

G. Baesecke, Lichtdrucke nach althochdeutschen Handschriften, Halle 1926, zitiert: Lichtdr.

G. Baesecke, Der Deutsche Abrogans und die Herkunft des deutschen Schrifttums, Halle 1930, zitiert: Baes. Abr.

G. Baesecke, Unerledigte Vorfragen der althochdeutschen Textkritik und Literaturgeschichte, Beiträge 69 (1947), S. 361–409.

Beiträge zur Geschichte der deutschen Sprache und Literatur (Paul und Braunes Beiträge), ed. H. de Boor und J. Schröbler, Verlag Niemeyer, Tübingen, zitiert: Beitr.

D. de Bruyne, Deux Feuillets d'un Texte Préhieronymien des Evangiles, Revue Bénédictine 35, 62–80, Abbaye de Maredsous, Belgique 1923, zitiert: Rev. Ben.

U. Daab, Die Schreiber der Althochdeutschen Benediktinerregel, Beitr. 80 (1958), S. 379–403.

U. Daab, Studien zur Althochdeutschen Benediktinerregel, Hermaea XXIV, Halle 1929, zitiert: Hermaea.

U. Daab, Die Althochdeutsche Benediktinerregel des Cod. Sang. 916, Altdeutsche Textbibliothek Nr. 50, Tübingen 1959, zitiert ATB 50.

U. Daab, Die Affatimglossen des Glossars Jc und der Deutsche Abrogans, Beitr. 82 (1960), S. 275–317.

U. Daab, Zur Datierung der altalemannischen Psalmenübersetzung, Beitr. 83 (1962), S. 281–301.

Eucherius, rec. C. Wotke, Corpus Scriptorum ecclesiastic. lat. 31, Vindobonae 1894.

E. Sievers, Die Murbacher Hymnen, Halle 1874, zitiert: Siev.

E. v. Steinmeyer und E. Sievers, Die Althochdeutschen Glossen, Bd. I–V, 1879–1898, zitiert: St. Gll.

E. v. Steinmeyer, Die Kleineren Althochdeutschen Sprachdenkmäler, Berlin 1916, zitiert: St.

Vulgata, zitiert: Vulg.

Literatur, die nur an einer Stelle erwähnt wird, ist in den Anmerkungen gegeben.